Renata Aguilar

ALFABETIZAÇÃO E PSICOMOTRICIDADE

influências motoras no ato de ler e escrever sob a ótica da Neurociência

Inclui jogos e a história:

O reino encantado das Letras

EDICON

CIP-BRASIL. CATALOGAÇÃO NA PUBLICAÇÃO
SINDICATO NACIONAL DOS EDITORES DE LIVROS, RJ

A235a

Aguilar, Renata
Alfabetização e psicomotricidade : influências motoras no ato de ler e escrever sob a ótica da neurociência / Renata Aguilar. - 1. ed. - São Paulo : Edicon, 2020.
112 p. : il. ; 21 cm.

Inclui bibliografia
ISBN 9788529011257

1. Psicomotricidade. 2. Alfabetização. 3. Crianças - Desenvolvimento. 4. Aprendizagem percepto-motora. I. Título.

20-63229 CDD: 155.412
CDU: 159.943

Meri Gleice Rodrigues de Souza - Bibliotecária CRB-7/6439
28/02/2020 06/03/2020

1ª Reimpressão 2024

Contato com a autora: professorarenata.aguilar@gmail.com

EDICON
Editora e Consultoria Ltda
(11) 3255 1002 • 3255 9822
Rua Gama Cerqueira, 87 Cambuci
CEP 01539-010 São Paulo/SP
www.edicon.com.br
contato@edicon.com.br

SUMÁRIO

INTRODUÇÃO

Ler e escrever passam a ser aspectos tão essenciais neste mundo tão tecnológico e digital que pode ser confundido claramente com um ato automatizado.

Percebe-se que as pessoas, especificamente em nosso país leem e escrevem cada vez menos.

Os dados apresentados nas avaliações realizadas como ENEM (Exame Nacional do Ensino Médio) ou a pesquisa do IDEB (Índice de Desenvolvimento da Educação Básica, criado em 2007), com o objetivo de indicar a qualificação do ensino no Brasil) apresentam dados alarmantes e preocupantes: nossas crianças e jovens com deficiência grave na leitura e na escrita.

Além destes aspectos preocupantes, aparece um outro ponto a ser destacado, crianças acima do peso, com pouca atividade física, hábitos alimentares precários em vitaminas essenciais para a formação e desenvolvimento físico e também cognitivo. Esses jovens e crianças conhecem o mundo, mas não são capazes de amarrarem os tênis, o velcro passa a ser comum entre eles.

Procure um jovem que domine com destreza: direita e esquerda, que saiba pular corda ou até mesmo ter um traçado de letra legível? Estranho questionar isto em meados do século XXI. Não muito tempo atrás brincava-se na rua, empinava pipa, caia de bicicleta e voltava-se para casa com os joelhos machucados e dentro de minutos já estava novamente subindo em árvores.

Será que todos estes diagnósticos, que o professor recebe atualmente, são verdadeiros? Aumentou significativamente o número de crianças e jovens com déficit de atenção, hiperatividade, transtornos ou algum tipo de síndrome. E como o professor poderá lidar com esta nova realidade?

Neste livro faremos uma reflexão e uma análise de como a psicomotricidade bem trabalhada dentro e fora do ambiente escolar pode auxiliar e facilitar o processo na competência leitora e escrita e estabelecer um paralelo entre o ato motor e cognitivo com base na Neurociência.

Percorre-se um caminho de descobertas cientificas, acadêmicas e escolares. Uma relação entre a Psicomotricidade, a Alfabetização e a Neurociência.

Capítulo 1

A DESCOBERTA DA LEITURA E DA ESCRITA E A NEUROCIÊNCIA

Quando trata-se do processo de alfabetização vem à nossa mente a forma como foi ensinado em nossa infância. Lembramos de nossa primeira "cartilha" como algo fundamental e essencial para a aprendizagem das letras e do ato da leitura e da escrita, e que quem não conseguia ler e escrever ou terminar a famosa " cartilha" era reprovado.

Lembro da minha antiga "primeira série", hoje nomeada como segundo ano do Ensino Fundamental como algo assustador. Havia alunos mais velhos, já reprovados algumas vezes, com crianças de apenas 6 anos. E aqueles que não conseguiam ser aprovados sentiam o peso da reprovação e também o fato de serem mais altos que os outros. Muitos foram excluídos ou abandonaram as escolas.

Hoje me deparo com uma situação diferente em alguns sentidos, a alfabetização não acontece mais no segundo ano (me refiro à primeira série do antigo primário) e sim ficou a responsabilidade para o primeiro ano (que antes fazia parte da Educação Infantil).

Para iniciar, proponho uma reflexão para as seguintes perguntas:

- Quais habilidades as crianças precisam para se alfabetizar?
- Qual é a idade aproximada para o aluno aprender essas habilidades?

Ler é um processo muito complexo e que exige muitos conhecimentos prévios da criança. Quando nos deparamos com a palavra "alfabetização", muitas pessoas desconhecem seu verdadeiro significado.

McGuinness (2006), relata que ao pensar no ensino da leitura "é importante ter em mente o fato de que os códigos para a linguagem falada são muito complexos. O leitor aprendiz é um decifrador de códigos frente a uma escrita desconhecida, e essa tarefa pode tornar-se impossível se o ensino é malconduzido, incompleto ou simplesmente ausente."

Se procuramos no dicionário encontraremos definições do tipo:

> *Ação de alfabetizar, de propagar o ensino de leitura/conjunto de conhecimentos adquiridos na escola.*

Segundo esta definição, a alfabetização é um conjunto de conhecimentos que se adquire na escola. Pense se esta definição é determinante para a construção da escrita? Será que este processo acontece essencialmente no ambiente escolar?

Num mundo onde o acesso à comunicação é tão rápido e as tecnologias estão ao alcance das crianças desde muito cedo, podemos afirmar que o processo de alfabetização inicia-se muito antes da fase escolar.

Com tantas tecnologias ao nosso redor, com jogos virtuais e eletrônicos invadindo nossas casas, as crianças em idade escolar não conheceram um mundo sem a internet, sem tablets e aparelhos celulares de última geração.

Como explicar a esse público que os telefones possuíam fios, que não existia controle remoto para a TV e havia uma máquina que você escrevia e não poderia deletar após a "digitação"?

Há poucos anos os cursos de datilografia eram obrigatórios e um curso essencial para quem procurasse um emprego melhor.

As crianças que nasceram até a década de 80 vivenciaram brincadeiras na rua, cantigas e brincadeiras de roda na escola e socializavam fisicamente com os vizinhos. Uma realidade bem diferente e quase inexistente entre as paredes dos grandes edifícios e dos muros da escola.

A violência tomou conta das cidades e, com isso ganha força o jovem e a criança permanecer dentro de casa conectado com o mundo lá fora. Afirmativa com duplo sentido não?

O que esperar desta nova geração tão rápida em informação, mas também tão imatura emocionalmente?

Cada dia mais lemos e vivenciamos um grande número de crianças e jovens depressivos, invadindo consultórios psicológicos, sendo medicados e também diagnosticados com déficits, transtornos, dificuldades de aprendizagem e laudos e mais laudos. As escolas recebem esses alunos com laudos, aplicam avaliações diferenciadas, adaptam seus currículos na esperança de poder atender suas necessidades individuais.

Então, diante de tanta informação em que momento a criança está pronta para ingressar no mundo da leitura e da escrita?

Já no ventre materno, a criança tem contato com nosso idioma. Nos primeiros anos de vida passa a nomear e identificar pessoas, objetos, a ouvir histórias, tem contato com livros e revistas, aparelhos eletrônicos, passa a descobrir sabores e sons diferenciados. Tudo isto faz parte de uma aquisição da linguagem oral que passa a estar diretamente relacionada com uma futura linguagem escrita.

Assim, quando a criança ingressa na escola, já possui muitos conhecimentos simbólicos, sabe identificar logotipos de refrigerantes, marcas de brinquedos, alimentos, supermercados, etc.

A partir desse momento, a intervenção pedagógica do professor é fundamental para a construção do conhecimento e o aluno só constrói mediante a interações com outras crianças, com professores e também com recursos que facilitam esta aprendizagem.

Para que o professor possa elaborar seu plano de trabalho é fundamental que conheça as características da faixa etária que trabalhará. Retomo que a alfabetização inicia-se antes do ingresso da criança na escola, mas em qual idade ela está realmente preparada para compreender os símbolos que compõem nosso sistema alfabético e seus respectivos sons?

É preciso deixar claro que a aquisição da linguagem escrita varia muito de uma criança para a outra.

Tente ler o seguinte trecho:

1. **A leitura de bons textos e bons livros deve ser estimulada na criança desde muito pequenas.**
2. A leitura de bons textos e bons livros deve ser estimulada na criança desde muito pequenas.
3. ***A leitura de bons textos e bons livros deve ser estimulada na criança desde muito pequenas.***

Com este exercício, você pode perceber que mesmo mudando a fonte, um leitor fluente é capaz de compreender a escrita. Agora, uma criança que inicia o processo, reconhece, por exemplo a escrita de marcas conhecidas, como de lanchonetes, biscoitos ou brinquedos.

Pergunte a uma criança de 3 anos o que está escrito ao ver um símbolo conhecido de determinada marca de refrigerante, por exemplo, certamente você se surpreenderá com a resposta.

Então, podemos afirmar que ela ainda não está alfabetizada, pois não reconhece os sons que compõem cada letra, apenas reconhece a imagem e não a escrita da marca.

Observem as características da linguagem e expressão oral de cada faixa etária.

Aos **dois anos**, aproximadamente:

- Usa frequentemente a palavra não.
- Atende pelo próprio nome e identifica membros da família.
- A linguagem tem relação com os objetos em si.
- Começa a construir frases curtas e simples.
- Descreve objetos em termos de suas funções.
- É capaz de segurar o lápis com firmeza, porém não tem lateralidade definida. Segura com ambas as mãos sem utilizar a posição correta de pinça.
- Consegue locomover-se com destreza, andar e correr tornam-se mais seguro.
- Sobe escadas lentamente e, algumas vezes, necessita de apoio para subir e descer (corrimão, segurar na mão de alguém...)

Aos **três anos**,

- É muito curiosa. Tenta descobrir para que serve determinados objetos.
- Entra na fase dos "porquês;"
- Sabe sua idade e tem relação a pequenas quantidades.
- Não consegue discernir realidade e fantasia.
- Fala consigo mesma e com pessoas imaginárias.
- Forma frases completas e nomeia com clareza fatos e objetos.
- Nomeia o que constrói.
- Sabe dizer seu nome e sobrenome.
- Pode passar por fase de gagueira.

Aos **quatro anos**,

- Aumenta rapidamente seu vocabulário.
- Faz muitas perguntas.
- Fala sozinha.
- Tem muita imaginação.
- Socializa-se muito bem com outras crianças.
- Tem agilidade no andar, correr e pular.
- Começa a ter dominância lateral.
- Apresenta curiosidade aumentada, quer saber "como", "por quê";
- Sabe dizer seu nome, sobrenome e idade quando lhe perguntam;
- Canta bem pequenas canções

Aos **cinco anos**,

- Sua linguagem está mais aprimorada e com amplo repertório.
- Define preferências entre colegas e já impõe com mais frequência suas vontades, pois começa a compreender a realidade.
- A lateralidade já está definida.
- Tem habilidades motoras mais especificas como recorte, manuseio de tesouras, uso do lápis.
- O movimento de pinça começa a ser usado com maior frequência.
- É capaz de realizar atividades físicas como rolamento, chutar bola, andar sob uma linha com mais facilidade.
- Faz muitas perguntas;
- Se interessa pela leitura.
- Escreve seu primeiro nome.

Por volta de 5 e 6 anos, a criança já é capaz de construir uma lógica para a escrita através de imagens, do reconhecimento de seu próprio nome, de quantificar letras e arriscar alguns traços e sons. Nesta faixa etária há uma amplitude de vocabulário significativa e ela passa a ter noção temporal e espacial.

Atividades que intensifiquem aspectos espaciais são importantes para iniciar este processo.

Muitas vezes, a família e a escola enxergam a criança como um adulto em miniatura com regras e exigências, na qual ela não é capaz de assumir este papel.

O desenvolvimento tecnológico está em contraste direto com o desenvolvimento biológico da criança.

É necessário elaborar um plano de ensino consistente e adequado as características de cada faixa etária são pontos de partida para uma alfabetização de qualidade, sem causar traumas à criança.

Traumas estes que são adquiridos na fase escolar, pois a criança que não consegue ler percebe que os colegas já decifram os códigos da leitura, enquanto ela ainda está num processo anterior. Por inúmeras vezes, a criança tem "medo" da lição, ou até mesmo de um ditado.

Muitas crianças chegam a chorar e são encaminhadas pela escola para especialistas como se o problema estivesse na própria criança.

A criança consegue ler e interpretar imagens e relatar fatos, mas muitas vezes não consegue escrever seu próprio nome. Ela possui uma boa oralidade, mas o registro é algo ainda a ser superado.

É preciso repensar o caminho da alfabetização, planejar, executar e avaliar cada etapa desse processo, é preciso conhecer o aluno.

Um longo caminho deve ser percorrido, sendo necessário construir um trabalho conjunto entre a escola e a família, entre os agentes educadores e a criança.

Para que possamos ampliar nossa discussão, abordaremos a seguir como nosso cérebro aprende as letras e como se dá a formação dos fonemas e grafemas.

Atualmente, já é possível ver como nosso cérebro funciona quando o indivíduo está lendo, quais áreas são ativadas e como há modificação cerebral.

Segundo Dehaene (2012), quando lemos uma palavra, o hemisfério esquerdo realiza um papel muito importante, é neste hemisfério que acontece a leitura. Ele ainda retrata que independente dos traços e curvas que compõem uma letra, nosso cérebro é capaz de reconhecer e ler as palavras.

A capacidade de ler e escrever é algo apenas do ser humano e de sua criação. Harari (2017) faz uma abordagem e uma análise da história da humanidade e um aspecto que ele relata em sua obra é que o ser humano é capaz de "conectar uma série limitada de sons e sinais para produzir um número infinito de frases, cada uma delas com um significado diferente. Podemos, assim, consumir, armazenar e comunicar uma quantidade extraordinária de informação sobre o mundo à nossa volta."

A comunicação do homem é surpreendente, em segundos conversamos com amigos do outro lado do planeta e as informações são recebidas em tempo real.

É sabido que quanto mais lemos e escrevemos mais nosso cérebro faz modificações e sinapses. Agora, com um mundo tão tecnológico e com tantas informações na palma das nossas mãos temos tantos analfabetos funcionais?

Infelizmente, muitas crianças não têm acesso à livros, mas têm acesso a vídeo game, celular ou equipamentos tecnológicos. Percebemos que as livrarias e o uso de bibliotecas têm diminuído frequentemente e, consequentemente, as crianças passam a ter pouco acesso ao livro físico e cada vez mais ao virtual. Lógico que os benefícios da tecnologia são incontestáveis, mas nossas crianças estão sendo submetidas cada vez mais cedo ao mundo tecnológico.

O grande desafio hoje é que os alunos consigam concluir o Ensino Fundamental como leitores fluentes e o de conseguir interpretar, de forma crítica, textos de diferentes gêneros, que possam compreender o que leem.

Para Lerner (2001), a escola *"não pode limitar-se a reproduzir as práticas tal como são fora dela."*

É muito importante que a alfabetização tenha significado para a criança, para isto é necessário um bom plano de ensino com aspectos bem fundamentados, principalmente no processo de aquisição da linguagem escrita.

Vitor da Fonseca, em seu artigo publicado na Revista Psicopedagogia (2009 p. 341 e 342)

> A leitura é um processo por meio do qual se extrai e se capta informações de textos (por exemplo, páginas impressas, imagens, diagramas, legendas, gráficos, ilustrações, etc). Não se trata de mera ou simples decodificação de símbolos escritos em sons, nem tampouco de uma recepção passiva de uma imagem colhida em qualquer lugar no cérebro a partir da palavra escrita, com a qual pode ser associada. A leitura é um processo ativo, autodirigido pelo leitor em múltiplas formas e apresentando várias finalidades. Extrair e captar informações de textos pressupõe que o leitor possa dispor da capacidade de processar, integrar e exprimir informação, isto é, de um ato ou processo de apropriação de conhecimento a que vulgarmente se chama cognição. Para ler e para que se processe a informação, portanto, o leitor, inexperiente ou experiente, tem necessariamente que exibir um conjunto dinâmico, sistêmico, coeso e autorregulado de competências cognitivas, como atenção, percepção, memória, processamento simultâneo e sequencializado, simbolização, compreensão, inferência, planificação e produção de estratégias, conceptualização, resolução de problemas, rechamada e expressão de informação, etc

Para que a criança aprenda a ler e a escrever é necessário que seu cérebro esteja prontamente maduro, com várias conexões neurais já pré-estabelecidas. É prejudicial antecipar este processo.

Conseguimos colocar a criança para andar aos 6 meses? Podemos prejudicar toda a motricidade futura destas crianças além de danos físicos. Então, não há motivo para ingressar a criança antes do tempo neste processo.

De acordo com a BNCC (Base Nacional Curricular Comum), determinada pelo MEC (Ministério da Educação), aprovada em 2017, o processo de alfabetização deve se dar até no final do 2º ano do Ensino Fundamental e que nos anos seguintes seja desenvolvido outras habilidades na área da linguagem como leitura/escuta, oralidade, produção de texto, análise Linguística/semiótica.

> Assim, alfabetizar é trabalhar com a apropriação pelo aluno da ortografia do português do Brasil escrito, compreendendo como se dá este processo (longo) de construção de um conjunto de conhecimentos sobre o funcionamento fonológico da língua pelo estudante. Para isso, é preciso conhecer as relações fono-ortográficas, isto é, as relações entre sons (fonemas) do português oral do Brasil em suas variedades e as letras (grafemas) do português brasileiro escrito. Dito de outro modo, conhecer a "mecânica" ou o funcionamento da escrita alfabética para ler e escrever significa, principalmente, perceber as relações bastante complexas que se estabelecem entre os sons da fala (fonemas) e as letras da escrita (grafemas), o que envolve consciência fonológica da linguagem: perceber seus sons, como se separam e se juntam em novas palavras etc. Ocorre que essas

> relações não são tão simples quanto as cartilhas ou livros de alfabetização fazem parecer. Não há uma regularidade nessas relações e elas são construídas por convenção. (BNCC, p. 90)

No cérebro há duas regiões especificas, localizadas no hemisfério esquerdo, responsáveis pela linguagem escrita e falada: área de Broca e a de Wernicke.

Para Consenza (2011), a linguagem escrita precisa ser ensinada, é necessário o estabelecimento de circuitos cerebrais que a sustentem, o que se faz por meio de dedicação e exercício. O cérebro se modifica à medida que vai adquirindo conhecimentos novos.

Em minha obra publicada em 2018, sobre Neurociência, reafirmo que *"A plasticidade neural demonstra claramente sua existência quando falamos sobre a escrita e a leitura, pois não faz parte de nossa unidade de sobrevivência, mas nosso cérebro se adaptou para receber tais informações."*

A habilidade de leitura e escrita são consideradas habilidades cognitivas que exigem maturação cerebral da criança. Essas habilidades iniciam muito tempo antes do processo formal escolar e continuam se aprimorar durantes os anos posteriores do Ensino Fundamental.

Durante o processo de aquisição da linguagem escrita, o cérebro faz dois processos: o primeiro é o de codificar e decodificar os grafemas, para depois dar significado a eles. Há crianças que escrevem SAPO, mas não conseguem distinguir o que esta palavra representa. Listas de palavras isoladas, sem significado não facilitam este processo.

Para uma eficiência na capacidade leitora é necessário ativar várias funções cerebrais como repertório (reconhecimento de palavras e seus significados), memória, coordenação psicomotora, compreensão linguística, fatores sociais, percepção visual para reconhecimento, percepção auditiva dos sons e suas diferenciações, compreensão de que o som da letra T é diferente da letra D, apesar de serem semelhantes e muito confundidos pelas crianças, percepção motora e seletividade.

Testes feitos para analisar a imagem cerebral durante o processo de leitura e escrita mostram que os circuitos cerebrais se modificam no córtex occípito-temporal esquerdo.

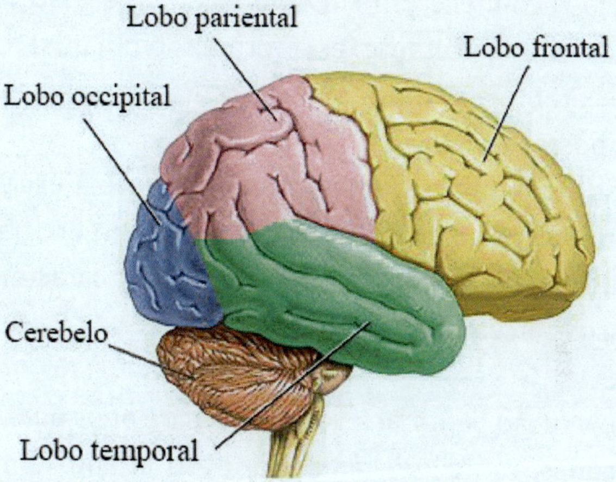

Para Dehaene (2012),

> *"o cérebro da criança extrai os segmentos da fala, tria e os classifica (...). Ele explora as regularidades das cadeias que escuta para deduzir quais transições sonoras são possíveis e elimina aquelas que devem ser excluídas."* (p. 215).

Por este motivo, que a alfabetização deve acontecer entre 6 e 7 anos, pois nesta fase, a criança já possui um cérebro capaz de classificar, diferenciar e ter um reconhecimento visual e linguístico bem estruturado e formado.

Como nosso cérebro faz associações da fala com a linguagem oral, estudos sobre Neurociência reforçam cada vez mais a importância de uma alfabetização fonética. Os sons da fala de um bebê iniciam com balbucios semelhantes as vogais e, em seguida, fonemas como BA/BU/MA.

Como já dito, o processo de alfabetização não inicia-se ao 6 anos, aproximadamente, e sim muito antes. Quando a criança reconhece um símbolo e faz uma associação a marca de um refrigerante, está formando um quadro lexial em seu cérebro e armazenando informações que serão utilizadas posteriormente.

Não podemos esquecer que a leitura e a escrita são fatos criados pela cultura do homem e, o cérebro não está ainda adaptado a isto. Nosso cérebro tem características de nossos ancestrais, somos preparados para a sobrevivência.

E evolução cerebral leva centenas de anos para serem modificadas, tanto em tamanho, peso quanto em capacidade. Lógico que o cérebro do Homo sapiens é visualmente e cognitivamente diferente do *Homo erectus* ou do *Homo habilius.*

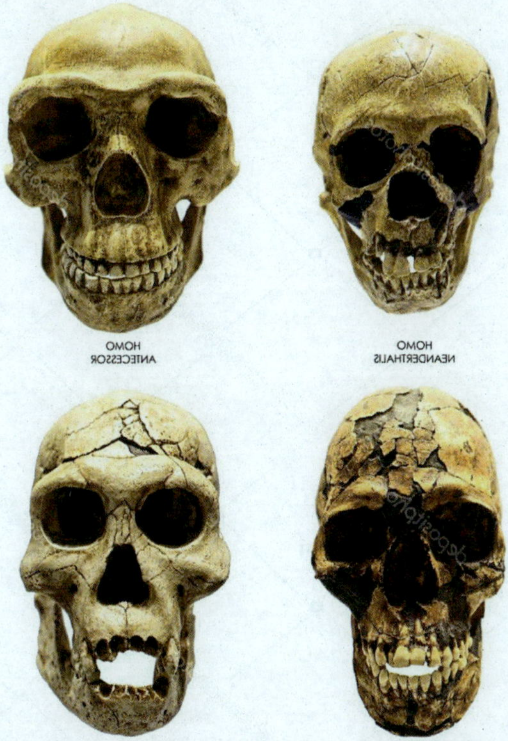

A evolução craniana foi sendo modificada e, daqui centenas ou milhares de anos, após toda esta evolução tecnológica também fará diferença em nossa caixa craniana e consequentemente cerebral.

Quando aprendemos a ler e a escrever nosso cérebro de modifica, há um aumento de memória, o corpo caloso, responsável pela conexão entre os dois hemisférios também aumenta na parte posterior. Há mudanças funcionais e mecanismos neurais ativados.

Capítulo 2

ALFABETIZAÇÃO NO CONTEXTO ESCOLAR

Para que possamos pensar no processo de aquisição da linguagem temos que refletir e conhecer como a criança aprende.

Atualmente, muitas escolas ainda estão com a definição que uma boa escola é aquela que aplica muitos *conteúdos* e uma quantidade excessiva de folhas e registros.

Ao analisar várias escolas, principalmente, as da rede privada, é notório crianças pequenas preenchendo folhas e mais folhas como sinônimo de aprendizagem.

Para uma boa aprendizagem é necessário que o profissional escolar considere o desenvolvimento da criança e sua identidade.

É importante que o professor tenha em mente que *"crianças diferentes aprendem de forma diferentes."*

O primeiro passo para compreender o desenvolvimento da criança é que ela se encontra em fase de constante transição. E esta transição deixa muitos profissionais inseguros.

Na fase do nascimento até aproximadamente aos seis anos, a criança necessita de uma equipe amorosa e preparada para que possa desenvolver diferentes habilidades. O vínculo e a interação com o outro será fundamental para criar laços de segurança e também de ampliação linguístico.

No campo da escrita não é diferente, exigências e pressões para que o letramento aconteça de forma rápida causa traumas na criança. Ela necessita de um olhar muito preparado para acompanhar o desenvolvimento da criança.

Talvez durante a leitura você nunca parou para pensar como as letras estão organizadas, simplesmente realiza a leitura com muita autonomia e até de forma mecanizada, como se dirigisse um carro e fosse de sua casa ao trabalho sem prestar a devida a atenção às ruas, casas ou placas, quando percebe já chegou ao local.

Estas ações tornam-se mecânicas e não é feito nenhum esforço para que elas aconteçam, simples, não? Não é bem assim. Como estes fatos foram automatizadas e fixados em nossa memória, especificamente no córtex cerebral, algumas ações são simples após terem passado por um processo longo de aprendizagem e fixação.

Quais foram os movimentos adquiridos e a aprendizagem para dirigir um carro. Como foi a primeira aula na autoescola? Como coordenar a marcha, breque, acelerador e ainda usar a seta? Talvez você tenha a sensação de como foi difícil no início.

Quantas palavras você leu até agora? Você leu este texto sem nenhum esforço, seus olhos percorreu as linhas e as páginas de forma automática.

Mas com a criança isto não é tão simples, é necessário um trabalho bem preparado e organizado. São tantos métodos utilizados pelas instituições escolares que muitos são confundidos com "modismos".

Ao pesquisar nas redes sociais, podemos encontrar inúmeros exemplos de atividades através do "copia e cola" que não tem eficiência nenhuma para facilitar a leitura e a escrita.

Segundo Stanislas Dehaene, em seu livro *"Os neurônios da leitura"*, tudo começa no olho e na retina, como captadores.

> *"Quando entra na retina, a palavra é esfacelada em milhares de fragmentos: cada porção de imagem da página*

é reconhecida por um fotorreceptor distinto. Toda dificuldade consiste, em seguida, em reunir os fragmentos a fim de decodificar as letras sob processo, a ordem na qual são apresentadas, e a palavra em questão. (p. 26).

Temos de estar atentos que, a criança, aos seis anos já possui contato muito perfeito com a linguagem oral, é capaz de se comunicar e ser compreendida através da oralidade com muita clareza.

Se considerarmos, uma família que estimula a contação de histórias, mesmo que seja "a história para dormir", que leva sua criança a teatro, cinema, supermercados ou lojas, podemos afirmar que muitos estímulos para a aquisição da linguagem escrita já estão sendo realizados e isto torna-se um facilitador para que o processo de alfabetização aconteça com eficiência.

Agora, se considerarmos uma situação em que a criança não é estimulada ao contato com diferentes áreas que exercem a função leitora; podemos considerar que a alfabetização pode tornar-se mais difícil.

Ao analisar alunos nas séries finais do Ensino Fundamental I (4º e 5º anos), podemos encontrar um número grande de crianças que não sabem ler e escrever corretamente. Coloco aqui uma leitura de textos simples, nenhum texto dissertativo ou mais elaborado.

Então, o que será que aconteceu nos anos anteriores? Houve falhas? Ou é a criança que não se interessa pela leitura e escrita diante de tanta tecnologia: vídeo games, aparelhos eletrônicos, celular?

Através de uma pesquisa com mais de 150 alunos, pude constatar que 70% dessas crianças que chegam ao

4º e 5º.ano com falhas na linguagem escrita, apresentou problemas durante o processo de alfabetização nas séries iniciais. São trocas ortográficas, frases sem concordância e pobreza no repertório linguístico.

Há muitos caminhos de sucesso na alfabetização, mas todos foram construídos através de muito estudo e trabalho. Não é possível chegar no dia da aula com crianças tão pequenas se não houver um planejamento cuidadoso da aula.

Portanto temos que levar em consideração, o fator da aprendizagem significativa, os conteúdos devem ter significado para o aluno.

Para que a aprendizagem se realize, devemos refletir na atuação do próprio aluno na tarefa de construir significados sobre os conteúdos da aprendizagem; é ele quem modifica, enriquece e, portanto, constrói novos e mais potentes instrumentos de ação e interpretação.

É necessário, também refletir na atuação e intervenção do professor, pois a construção do conhecimento é resultado de um complexo processo de planejamento, análise diagnóstica do trabalho, construção e modificação para alcançar os objetivos a serem atingidos.

O registro da evolução de cada aluno é fator essencial para que o professor possa aprimorar sua ação pedagógica.

A criança aprende muito mais com a interação com os colegas e a intervenção adequada do professor, do que atividades meramente copiadas de livros ou das redes sociais. É preciso construir o conhecimento para que tenha significado ao aluno.

A seguir destacamos um exemplo de como o professor poderá fazer um registro da aprendizagem dos alunos e também os avanços.

Neste registro, a identificação do nome e dos grafemas-fonemas é o início de um processo que faz parte da linguagem escrita.

Quando o professor propõe atividades que desenvolvam o reconhecimento do nome e possível já compreender alguns aspectos como:

Identifica as letras do seu nome?

a) Sabe compor o nome com letras móveis?

b) Estabelece semelhança entre a primeira letra do seu nome com o de outro colega?

c) É capaz de reconhecer outras palavras que apresentam as mesmas letras?

d) Estabelece comparação entre as letras de seu nome com seus respectivos sons ou outras palavras? Exemplo: MARINA inicia com a mesma letra da palavra MESA, ou com o mesmo som da palavra MALA.

Alunos	Reconheceu as letras do nome	Conseguiu comparar os diferentes tipos de letras	Estabeleceu comparação com as letras do seu nome com as dos colegas	Foi capaz de ordenar as letras recortadas e montar novamente o nome.	Estabeleceu valor sonoro a cada letra.
João	Sim	Sim	Sim	Sim	Não
Mariana	Sim	Não	Não	Pediu auxílio.	Não

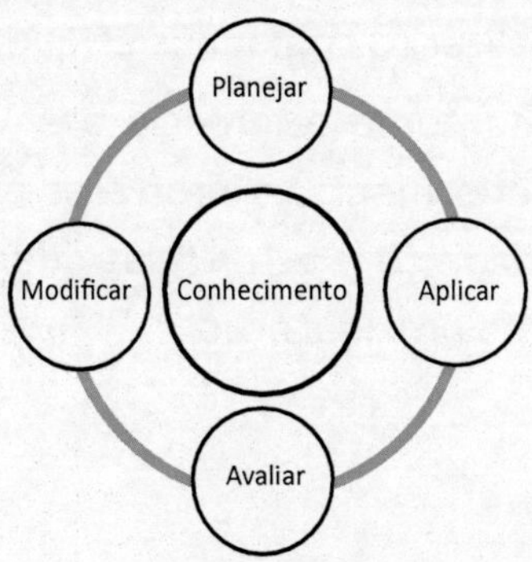

Uma aula deve ter um movimento cíclico para que a aprendizagem aconteça de forma significativa.

Planejar: nesta etapa o professor deve saber quais objetivos pretende alcançar com a aula, os materiais utilizados, como serão desenvolvidas as atividades, será individualmente ou em grupo e tempo de duração.

Aplicar: neste momento o professor colocará em prática o que elaborou. É fundamental que haja um registro das conquistas e do desempenho do aluno, através de uma tabela. Por exemplo: distribuir folhas de revistas e solicitar às crianças que procurem as letras que compõem seu nome, recortá-las e depois montar novamente em uma folha colando as letras recortadas.

Avaliar: após a aplicação da atividade planejada e da tabela construída é necessário que o professor avalie a aprendizagem dos alunos e também a execução. Por exemplo, quais motivos levaram a *Mariana* a não atingir os objetivos propostos pela professora? Será que o tempo da atividade influenciou? Foi uma atividade individual e tivesse sido realizada em dupla, será que o resultado teria sido outro? Estes e outros questionamentos levam o professor a compreender como seu aluno aprendeu e conseguiu realizar os comandos estabelecidos.

Modificar: Ainda como referência a atividade do nome sugerida anteriormente, o professor poderá retomar a mesma atividade com estratégias diferentes e planejar novamente sua próxima ação

Capítulo 3

PSICOMOTRICIDADE NA ESCOLA: NEURÔNIOS MOTORES

Ao falarmos sobre a alfabetização, é importante destacar o quanto a parte motora pode influenciar neste processo.

Como já é sabido, nosso cérebro tem uma imensa capacidade de se adaptar e se modificar, o que nomeamos de neuroplasticidade cerebral. Quanto mais estímulos a criança recebe e a ela é proporcionada diferentes tipos de experiências, mais seu cérebro terá condições de estabelecer novas sinapses e novas conexões.

Desde muito pequena, a criança passa por experiências importantes que serão levadas para a vida inteira, em todas as percepções táteis, auditivas, visuais, olfativas e gustativas.

A informação entre em nosso cérebro através das percepções e passa a ser registradas como experiências positivas ou negativas dependendo do contexto em que elas aconteceram.

Percebe-se que ainda valoriza-se na Educação Infantil, fase primordial para o desenvolvimento dos aspectos psicomotores, o preenchimento de papeis, livros ou cadernos e há pouco espaço para as vivências motoras, muitas vezes apenas nas aulas de Educação Física.

Como o espaço das casas e escolas diminuiu muito, consequentemente, perdemos espaço para que as crianças brinquem e vivenciem novas experiências motoras, como pular, saltar, correr, equilibrar-se e até cair.

Antigamente, o acesso aos brinquedos era muito restrito e com isso a infância era provida de criatividade. Quem nunca presenciou uma criança recebendo um presente, brincar por alguns minutos e deixar o brinquedo jogado num canto da casa?

Crianças apresentam dificuldades em pegar no lápis de forma correta, de pular corda ou até mesmo de mastigar alimentos mais duros como uma cenoura crua ou uma maçã.

Quando nos referimos aos aspectos motores, tão necessários para o desenvolvimento infantil, é necessário que façamos uma breve discussão sobre os aspectos psicomotores.

Tanto se fala em psicomotricidade, mas pouco se aplica dentro da escola.

Para Almeida (2014), a psicomotricidade *"é um termo empregado para uma concepção de movimento organizado e integrado, em função das experiências vividas pelo sujeito cuja ação é resultante de sua individualidade, sua linguagem e sua socialização."* (p. 19)

A imagem que a criança tem de seu próprio corpo e suas ações, em relação ao outro e ao espaço em que está inserida são fundamentais para que haja um desenvolvimento de diferentes habilidades no seu futuro.

Outro aspecto que nos chama a atenção é que o trabalho psicomotor atende todas as crianças com dificuldades, transtornos ou síndromes e respeita suas diferenças tanto cognitivas, físicas quanto socioemocionais.

Quando a criança é bem pequena os movimentos corporais são bem perceptíveis e também muitas conquistas, como levantar a cabeça, pegar um objeto, sentar ou andar.

Esta relação do movimento com o outro, com objetos e com o espaço que convive favorece oportunidades de desenvolvimentos neuromotores que permanecerão fixados pela vida inteira.

Um exemplo é quando aprendemos a andar de bicicleta na infância, podemos ficar anos sem andar, mas ao pegar novamente, não esqueceremos destes movimentos já aprendidos.

3.1. A RELAÇÃO DA PSICOMOTRICIDADE COM A ALFABETIZAÇÃO

Le Boulch, citado in Almeida (2014), as crianças que apresentam um bom desenvolvimento psicomotor *são mais favorecidas* e que os movimentos, não pensados, dependem da vivência e experiências anteriores. Há uma memória corporal e afetiva.

Para que uma criança possa aprender ler e escrever é necessário que nos anos anteriores ela tenha tido experiências motoras e cognitivas, que são conhecidas como pré-requisitos básicos para este processo.

Precisa-se dar possibilidades à criança de:

- Explorar a linguagem oral.
- Desenvolver a coordenação motora global e fina.
- Discriminar a lateralidade, dando ênfase em direita/esquerda.
- Organizar espontaneamente os traçados no papel, respeitando os limites.

O cérebro é o maior órgão responsável pela aprendizagem e todas as informações chegam a ele através das percepções que recebemos do ambiente externo.

O cérebro é capaz de aprender em qualquer idade, mas é de 0 a 7 anos em que há maior fluxo de aprendizagem, onde ocorre maior número de sinapses.

Não aprendemos de forma única, por tanto para transformar o cérebro é necessário que haja estímulos em diversas áreas:

a) Linguagem

O treino da linguagem oral na Educação Infantil é necessário não apenas para a ampliação de repertório linguístico, mas sim para o desenvolvimento da construção do pensamento e sua organização como também para a escuta.

De acordo com a BNCC, Base Nacional Comum Curricular, a Educação Infantil é a etapa em que as crianças vão se apropriando da linguagem oral por meio de várias situações como: ouvir a leitura de textos feito pelo professor e um incentivo à escuta atenta pela formação de perguntas e respostas.

Segundo Fonseca (2012), "para lidar com sinais e símbolos, o cérebro tem de se organizar primeiro com informações tônicas, táteis e quinestésicas. A postura abre o caminho à linguagem por meio da função de lateralização, transformando o cérebro em um órgão capaz de processar informações que tem origem fora do seu corpo.

Como Fonseca trata a palavra *quinestésicas* em sua obra, faz-se necessário ressaltar que se referem as informações do qual é possível perceber os movimentos musculares, por meio dos estímulos do próprio organismo.

Para que o processo seja um facilitador, uma criança de 6 anos já deve saber pronunciar corretamente todos os sons.

Quando bebê, a criança aponta quando quer um objeto, portanto o ato motor antecede a linguagem durante pouco tempo, pois a medida que a criança começa a pronunciar sons já interage com os ambientes. Ela aponta pedindo água e pronuncia AA para representar a palavra.

Através da linguagem é que a criança passa a desenvolver áreas cerebrais localizadas no lobo frontal, responsável pelas funções executivas: planejar, organizar e executar. Local que se forma por completo após os 7 anos.

A linguagem, como aspecto social, está associada diretamente ao motor. Há pessoas que falam e gesticulam as mãos ao mesmo tempo, fazem movimentos corporais ou até faciais.

A linguagem por si só não é suficiente para uma comunicação, os gestos e o ato motor também fazem parte desta complexidade. Tanto que a linguagem, através de sinais, é apropriada por pessoas que possuem deficiência auditiva e também por outras pessoas como fator de comunicação.

Com a criança não é diferente, quando ela é estimulada nesta área terá muito mais facilidade em aprender a ler e escrever do que outra que foi privada desta vivência.

Sugestões de atividades:

a) Roda de histórias.

b) Conversas informais.

c) Fantoches.

d) Uso de fantasias.

e) Cantigas e reprodução de quadrinhas.

f) Dramatizações.

g) Versinhos com rimas.

h) Poesias.

i) Ordenação de cenas de sequência de histórias.

j) Interpretar histórias oralmente.

k) Manuseio de diferentes livros, revistas ou gibis.

l) Relatos de fatos que aconteceram em casa, na escola, num passeio...

No livro organizado por Capovilla (2005), através de um relatório encomendado pela Câmara dos Deputados ao Painel Internacional de Especialistas em Alfabetização Infantil, é relatado a importância de prevenir as dificuldades de leitura e propor diferentes estratégias para evitar tais dificuldades. Nesta obra é também abordado que problemas de aprendizagem de leitura e escrita acontecem em vários países, mas é sabido que estratégias corretivas são mais difíceis do que as preventivas. Uma das estratégias mais eficazes, citadas, é *"criar a criança num ambiente estimulante, com um grande número de livres diferentes e oportunidades para brincar com livros e com a linguagem."*

Doidge, 2007, aborda em sua obra um programa desenvolvido por psicólogos na empresa Scientific Learning, na Califórina, chamado *Fast For Word.* É um programa que "exercita cada função básica envolvida na linguagem da decodificação de sons à compreensão — uma espécie de treinamento multidisciplinar cerebral".

Através de estímulos e atividades sugeridas pelo programa a criança tem um sistema de "recompensa". É sabido que o sistema de recompensa estimula áreas cerebrais e ativa a memória. Depois de muitas pesquisas e testes foi percebido avanços significativos nas crianças que participaram deste programa.

O que reafirmo que a autoestima da criança deve ser observada pelo professor, família e toda equipe escolar. E, durante o processo de alfabetização, a criança passa a perceber que seus colegas de classe conseguem ler, enquanto ela não consegue. Isto gera uma frustração que pode comprometer o rendimento e dificultar ainda mais o processo.

Assim, como o programa *Fast For Word*, estimula a linguagem e trabalha com o sistema de recompensa, muitas vezes, o professor também faz estímulos de recompensa dentro da sala, seja para ganhar um adesivo ou até um carimbo de incentivo.

Quero fazer uma reflexão neste momento, acredito muito no sistema de recompensa, pois nosso cérebro é competitivo e gosta de ganhar, porém algumas recompensas dentro da sala de aula, principalmente, quando a "competição" é injusta pode acarretar diversos problemas.

Colocar em dupla uma criança alfabética com outra que ainda está na fase silábica para competirem na escrita de palavras não ativará o sistema de recompensa e as substâncias que deveriam ser liberadas como dopamina (motiva e reforça a recompensa) e a acetilcolina (favorece a memória), o cérebro desta criança que não consegue ainda ler e escrever registrará em sua memória o medo, a negação e capacidade de não ser capaz. Como na primeira infância, os lobos frontais ainda não estão totalmente desenvolvidos, a criança passa a registrar em sua memória os aspectos negativos do processo de alfabetização.

Portanto, o sistema de recompensa é amplamente satisfatório, mas desde que seja justo para todos, caso contrário teremos resultados inversos do que esperamos na sala de aula.

b) Percepção

A percepção é a capacidade de reconhecer e perceber os estímulos do mundo exterior e sua relação com o seu próprio corpo. Perceber como nosso cérebro interpreta os estímulos sensoriais, distinguindo semelhanças e diferenças.

Podemos compreender o mundo que nos cerca através das percepções: visual, auditiva, gustativa, olfativa e tátil.

Atividades que estimulam atividades perceptivas:

- Distinguir aromas e cheiros de diferentes alimentos ou produtos e depois a criança registra.
- Experimentar alimentos e diferenciá-los entre doces, salgados, amargos ou azedos.
- Passear pela escola, em um supermercado, padaria ou quarteirão e distinguir os cheiros fortes ou fracos, agradáveis ou desagradáveis.
- Fazer atividades em diferentes texturas: lixa, areia, papelão, folhas.
- Ouvir sons e distinguir: barulhos de chuva, sons de animais, ritmos, intensidade, durações, imitar sons...

c) Esquema Corporal e Tonicidade

Dentro da psicomotricidade o esquema corporal e a tonicidade são fundamentais para ações de coordenação e a visão que a criança possui do seu corpo em relação a si própria, ao outro e ao meio em que está inserida.

Como já mencionado, nosso cérebro, desde homo habilis já estamos desenvolvendo a motricidade através da confecção de suas próprias ferramentas a 2 milhões de anos atrás.

Em nossa civilização as palavras surgem e se modificam rapidamente, assim como novos gestos. Mas como isto pode influenciar no processo de alfabetização?

Quando a criança tem noção de seu corpo e das partes que o compõem, passam a compreender seus movimentos e pensar sobre eles, fica muito mais fácil para ela compreender as letras e seus sons.

Esta criança faz movimentos voluntários e involuntários com as mãos, pés, olhos e dedos que serão essenciais, por exemplo ao reconhecer uma letra e suas posições. Diferenciar um **q** de um **p**, o **b** da letra **d**, são funções superiores ao compreender lado direito e esquerdo, mas um antecede ao outro.

Se a criança não consegue andar em uma linha e se equilibrar, não consegue estabelecer diferenças entre os colegas ou controlar sua tonicidade, força muscular, para apertar uma bolinha de massa de modelar, ficará mais difícil para ela o processo de alfabetização.

Atividades de alinhavo ou de apertar um pregador de roupa favorecem uma força muscular importante para o movimento de pinça, essencial para a escrita.

Estimular e proporcionar atividades que favoreçam esta habilidade deve ser feito com a criança desde bebê.

Fonseca (2012), relata que a

> *"tonicidade abrange todos os músculos responsáveis pelas funções biológicas e psicológicas, além de toda e qualquer forma de relação e comunicação social não verbal, tendo como característica essencial o seu baixo nível energético, que permite ao ser humano manter-se de pé por grandes períodos de tempo sem a manifestação de sinais de fadiga. Como consequência, a tonicidade envolve também a apreciação do poder muscular, visto que é neurologicamente indissociável dele." (p. 111)*

3.2. EXPRESSÃO CORPORAL

A expressão corporal transmite uma sensação de bem-estar às crianças e uma relação muito próxima com os sentimentos e a afetividade.

Incluo a expressão corporal como fator essencial, dentro da área psicomotora, para um estímulo e possibilidades que possam facilitar o processo de alfabetização.

O uso de materiais construídos pelos alunos, e não apenas pelo professor, desencadeia processos neuronais e sinapses no hemisfério direito, responsável pela música, artes, danças...

O trabalho com fantoches é algo muito importante, tanto na Educação Infantil, quanto na turma de alfabetização.

Existem habilidades importantes que são desenvolvidas durante uma história ou o manuseio de fantoches pela criança e pelo professor com o desenvolvimento da linguagem oral e habilidades de escuta.

O ato de expressar-se já é inato ao ser humano desde as antigas civilizações e quando a linguagem escrita ainda não tinha sido criada.

Se, a linguagem escrita é especifico do ser humano e não inato do cérebro, depende da cultura e do social, a arte de se comunicar já faz parte dos instintos humanos e animais.

Quando utilizamos recursos que possibilitem a expressão verbal ou corporal, nosso cérebro reconhece este ato como algo prazeroso e por este motivo, peças de teatro, desenhos animados (mesmo que com pouco diálogo) é tão agradável para a criança.

Em sua tese de Mestrado, Rodrigues (2012) designa *fantoche* como "todo o tipo de boneco manipulável, seja de luva, de vara, de varão, de fio ou de manipulação direta. Os fantoches tornaram-se bastante populares em todas as regiões portuguesas, sendo denominados de várias maneiras, nomeadamente bonifrates, bonecos. Atualmente, as companhias de teatro portuguesas passaram a utilizar o termo Marioneta para nomear todo o tipo de bonecos manipuláveis, adequando-se à terminologia internacional."

A comunicação criada pela criança com o uso de recursos para a expressão de seus sentimentos aponta fatores essenciais no trabalho do professor. Através deste recurso é possível compreender os medos, tristezas, alegria, relação familiar e escolar, além da socialização e interação com o outro.

É possível perceber como a linguagem oral da criança e a sequência de pensamentos numa ordem cronológica de fatos estão naquele momento.

A alfabetização não acontece apenas em registros escritos, é preciso ter ciência que o professor alfabetizador exerce um papel mais amplo. Ele, além de um mediador, na construção do pensamento escrito, deve estar atento à linguagem oral da criança e como ela se expressa, conta fatos, relata acontecimentos antigos ou recentes.

Quando uma criança apresenta dificuldades na linguagem escrita, muitas vezes tem uma oralidade mais destacada, expressa-se verbalmente e espontaneamente de forma muito clara. O que confunde professores e especialistas. Isto pode ser no futuro, uma dislexia.

> "A Dislexia do desenvolvimento é considerada um transtorno específico de aprendizagem de origem neurobiológica, caracterizada por dificuldade no reconhecimento preciso e/ou fluente da palavra, na habilidade de decodificação e em soletração. Essas dificuldades normalmente resultam de um déficit no componente fonológico da linguagem e são inesperadas em relação à idade e outras habilidades cognitivas." (Definição adotada pela IDA – International Dyslexia Association, em 2002.

Mas nem sempre isto acontece, a grande maioria das crianças que apresentam atrasos da linguagem terão problemas na alfabetização.

Segundo Fonseca (2012), "para aprender as funções simbólicas, o hemisfério esquerdo transfere suas informações corporais e espaciais para o hemisfério direito.'

Por este motivo, o trabalho com a expressão corporal é fundamental para um facilitador da alfabetização.

A seguir destaco aspectos importantes para observação do professor em momentos de atividades lúdicas de expressão corporal e linguística:

- Verificar como a criança pronuncia as palavras. É de fácil compreensão?
- A criança troca letras durante a fala ou as omite?
- Consegue relatar fatos do dia a dia?
- Consegue memorizar músicas e acompanhar o ritmo?
- É capaz de realizar gestos enquanto acompanha a música?
- Tem noção das partes do seu corpo e consegue nomeá-las?

Capítulo 4

OS DIFERENTES MÉTODOS DE ALFABETIZAÇÃO? QUAL É O MELHOR MÉTODO?

Segundo a BNCC (2017), Base Nacional Comum Curricular, elaborado pelo MEC mostra que a criança precisa:

• *diferenciar desenhos/grafismos (símbolos) de grafemas/letras (signos);*

• *desenvolver a capacidade de reconhecimento global de palavras (que chamamos de leitura "incidental", como é o caso da leitura de logomarcas em rótulos), que será depois responsável pela fluência na leitura;*

• *construir o conhecimento do alfabeto da língua em questão;*

• *perceber quais sons se deve representar na escrita e como;*

• *construir a relação fonema-grafema: a percepção de que as letras estão representando certos sons da fala em contextos precisos;*

• *perceber a sílaba em sua variedade como contexto fonológico desta representação;*

• *até, finalmente, compreender o modo de relação entre fonemas e grafemas, em uma língua específica."*

(BNCC, p. 91)

Durante muitas gerações, vários métodos de alfabetização foram surgindo e alguns permaneceram durante décadas dentro das escolas com o uso de cartilhas.

O que observamos é que muitas crianças dominavam os símbolos gráficos, porém não eram capazes de interpretar um pequeno texto com competência leitora e crítica.

Outras crianças foram sendo reprovadas, pois não conseguiam codificar ou decodificar os símbolos gráficos. Em seguida, eram reprovadas nas séries em que se encontravam. Alunos com 10/11 anos ainda estavam na 1ª série.

Após este movimento reprovativo e até evasivo, muitos deixavam a escola pelo fracasso, a aprovação automática chegou às escolas e passamos a encontrar alunos nas séries finais do Ensino Fundamental I com defasagem na leitura e na escrita.

Diante de duas problemáticas tão frequentes, muitos professores questionam-se a si próprios qual a melhor metodologia para se alfabetizar e qual a idade certa?

Quando a criança inicia-se no processo de alfabetização dentro da escola, é preciso considerar que esta mesma criança já está inserida num espaço letrado. Ela reconhece símbolos e tem acesso às tecnologias com muita propriedade.

Devemos levar em consideração como a criança aprende e o que é significativo. Nosso cérebro aprende o que tem significado.

Copiar cinco vezes uma frase não fará com que esta criança tenha interesse pelo ato da leitura e da escrita.

Já presenciei alunos tendo que escrever frases com a palavra NABO e muitos desconheciam seu significado e nem tinham experimentado este alimento.

É preciso diferenciar a alfabetização do letramento. Alfabetizar significa apenas codificar e decodificar os símbolos. Enquanto o letramento é algo que vai muito além, é necessário que compreenda o que se lê e o que se escreve.

Para Azevedo (1994), o letramento é um processo, *"no qual está encaixado outro (a alfabetização), precisamos também considerar que existem letramento(s) de natureza variada, inclusive sem a presença de alfabetização. Estas ponderações têm a ver com a visão sócio-histórica do letramento".*

Destacamos que o letramento tem relação direta com o entendimento da linguagem. Com certeza, há pessoas que não sabem identificar os códigos do sistema alfabético, mas sabem diferenciar o ônibus que devem pegar.

Outro ponto essencial para o sucesso neste processo é s segurança que o professor possui e a postura que ele assume em sala de aula, como alguém que facilita e motiva a aprendizagem.

Smolka (1993), cita um exemplo de uma professora que ao escrever na lousa propõe tarefas específicas (copiar exercícios e montar palavras) e supõe que as crianças saibam o que deve ser feito. Neste aspecto foi observado que os alunos não corresponderam às expectativas da professora, não houve compreensão do exercício.

Independente da metodologia a seguir, primeiramente é necessário compreender em que fase a criança está na linguagem escrita.

É um erro, acreditar que o processo de alfabetização inicia-se com a introdução das letras. Este processo inicia-se muito antes, já nos sons das primeiras palavras.

É preciso conhecer o universo infantil para estabelecer um plano de ação nas classes iniciais deste processo.

Fato que tem me deixado muito preocupada é que algumas escolas têm antecipado este processo, ensinando crianças de 3 anos e escrever as sílabas. Escolas que acabam achatando uma fase importante que é a Educação Infantil.

Crianças que brincam, que elaboram estratégias para brincadeiras e tem contato com diferentes materiais táteis como: caixa de areia, lixa, alinhavo... tendem a ter mais sucesso no processo de alfabetização.

Além da brincadeira, o contato com livros, cantigas, parlendas também favorecem que a aquisição da linguagem escrita seja mais produtiva e eficaz.

Portanto, o processo da escrita começa muito antes da criança pegar no lápis. O engatinhar é um ato motor tão necessário para o desenvolvimento da escrita quanto o formar sílabas com grafema-fonema ou conhecer todo o sistema alfabético.

4.1 HIPÓTESES DA LINGUAGEM ESCRITA

Para Ferreiro e Teberosky (1999), em sua obra foi abordado as hipóteses de escrita e as formas com que a criança faz conhecimento da linguagem escrita. A questão abordada através de pesquisas feitas pelas autoras foi conhecer como as crianças chegam a ser leitores. A seguir destaca-se as etapas de aquisição da linguagem escrita através das hipóteses retratadas por Ferreiro e Teberosky.

Pré-silábico - nível 1

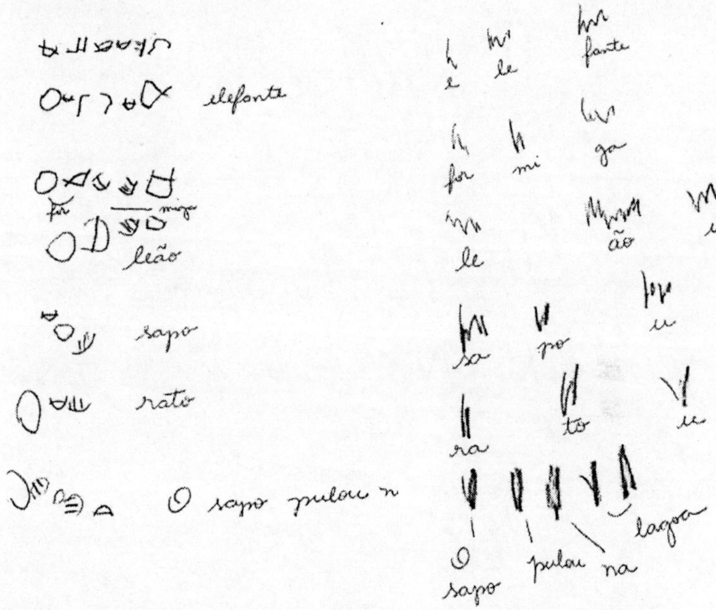

a) Desenhar e escrever possuem o mesmo significado;

b) Faz garatujas para representar a escrita ou traços.

Pré-silábico — nível 2

a) A escrita e a fala não possuem relação.

b) Utiliza letras do nome para escrever as palavras.

c) A leitura da palavra é feita como um todo e não por partes.

d) Utiliza muitas letras para representar a palavra, mas relacionado ao objeto. Para escrever ELEFANTE usa muitas letras e para escrever FORMIGA poucas letras, pois se refere ao tamanho do animal e não à palavra.

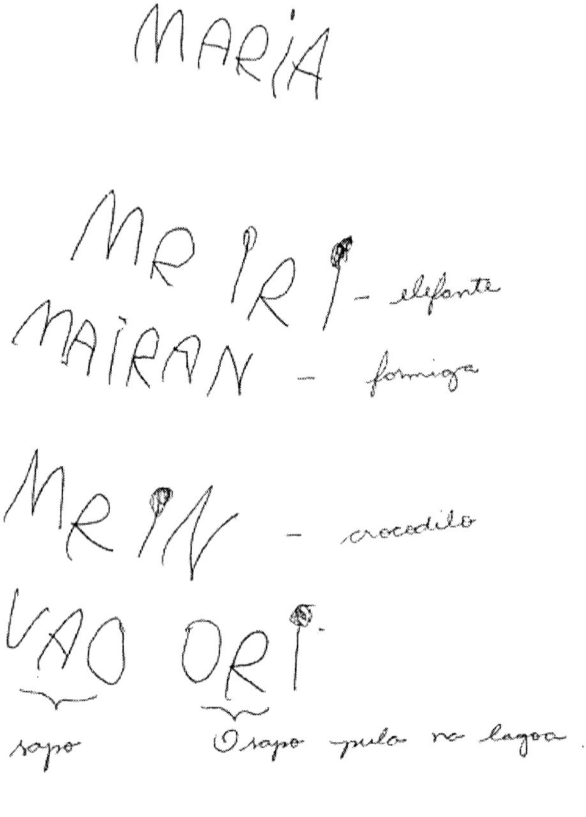

Silábico

Já supõe que a escrita representa uma fala.

Usa uma letra para cada fonema. Escreve AAO para representar a palavra MACACO.

Algumas vezes atribui valor sonoro às letras, mas nem sempre utiliza este processo. Escreve IPC para MACACO.

É a fase em que a criança demora mais para passar. Muitas crianças ficam muito tempo nesta fase.

Ao escrever frases, pode usar uma letra para representar uma palavra.

Nesta fase, pode acontecer de a criança escrever sem o uso pertinente de letras. Como o exemplo a seguir.

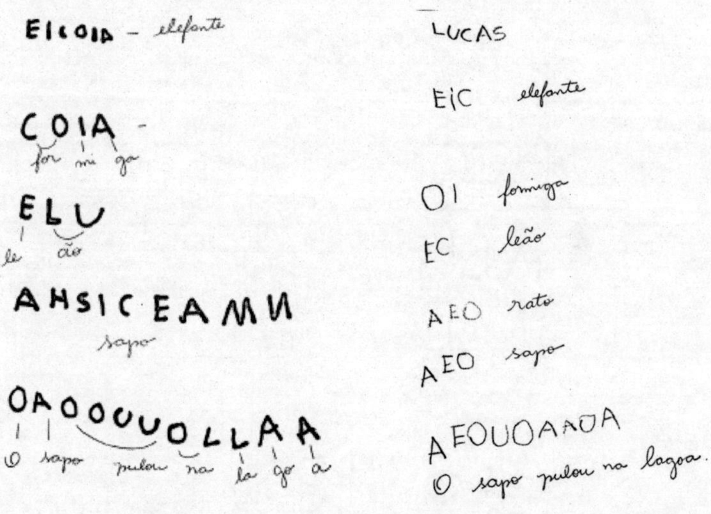

A B

Obs. Na imagem B, o aluno ainda está em transição da fase pré-silábica para a silábica.

Segundo Emilia Ferreiro e Ana Teberosky (2007), nesta fase a criança tem mudanças significativas e qualitativas que consistem em:

a) Superação de uma correspondência entre a forma escrita e a fala.

b) Uma representação de que a escrita representa partes sonoras da fala.

Nesta imagem, podemos perceber o quanto a criança já evoluiu e já consegue reconhecer que para cada letra há um som.

Silábico-alfabético

Esta é uma fase de transição. Às vezes utiliza para cada sílaba uma letra, mas já começam a representar algumas sílabas. Escreve AMELO para AMARELO, TAPT para TAPETE.

Atribui a letra K para representar CA, B para o BE... escreve KBLO, para representar CABELO.

A criança já percebe a necessidade usar mais de uma letra para representar os fonemas.

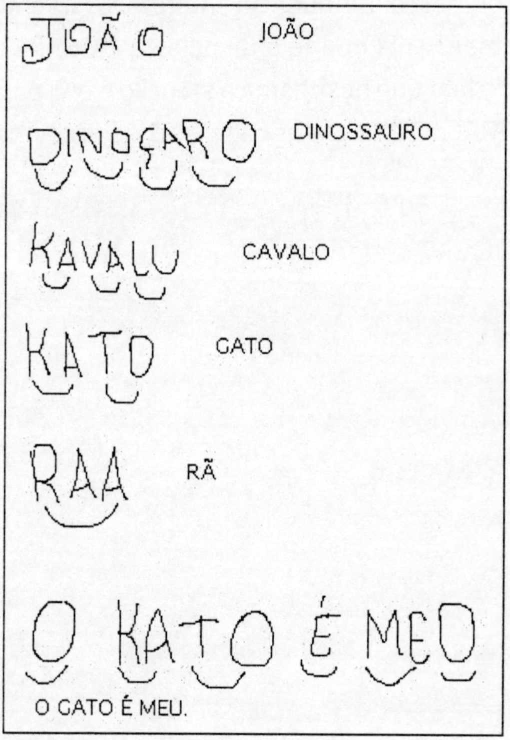

(imagem retirada na internet)

Alfabético

As crianças já são capazes de fazer correspondência grafema-fonema, mesmo que não seja com a ortografia correta, como CAXORO, para CACHORRO.

Compreende o uso social da escrita como comunicação.

Faz leitura das palavras adequadas à fala.

Separa as palavras nas frases, na maioria das vezes.

No exemplo a seguir, verificamos o quanto o uso convencional da escola influencia muito. Observem a letra S cursiva e maiúscula no meio da palavra PASSARINHO.

Outro fato que nos chama a atenção é o CI para compor a palavra MACAQUINHO e as palavras das frases estão unidas.

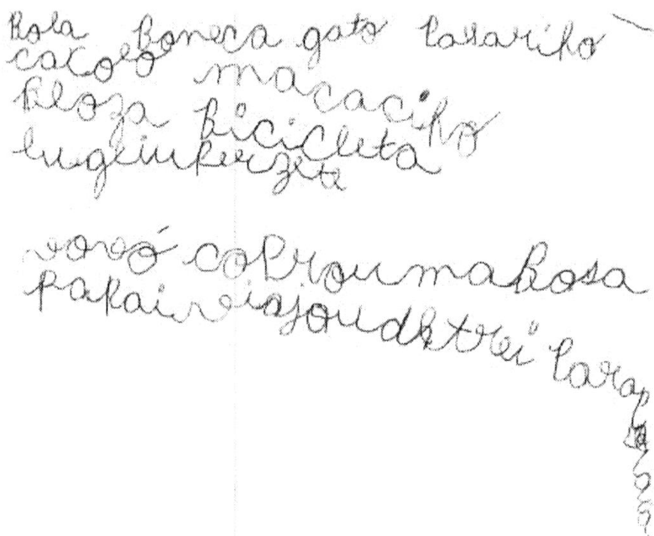

Frases: *"Eu ganhei um presente/ Vovó comprou uma bolsa/ Papai viajou de trem para praia."*

Segundo Ferreiro e Teberosky (1999), relatam que não é simples para a criança espaços entre as palavras na escrita.

> *"Os espaços em branco entre as palavras não correspondem, pois, a pausas reais, na locução, mas separam entre si elementos de um caráter sumamente abstrato, resistentes a uma definição linguística precisa, que a própria escrita definirá à sua maneira: as palavras." (p.116)*

4.2. EVOLUÇÃO DA ESCRITA E SUAS INTERVENÇÕES

Durante o processo de evolução da escrita pode-se destacar aspectos conceituais e momentos importantes que o professor possa acompanhar cada evolução e cada etapa.

- A criança inicia representando o sistema de escrita nas tentativas de comunicação seja por meio de desenhos ou garatujas. Quando ela acredita que escreve (garatujas), muitas vezes, vai falando em voz alta suas frases ou até histórias, mesmo que a escrita convencional seja incompreensível. A garatuja é uma "escrita" rápida que acompanha a fala oral da criança.
- Em seguida, a criança começa a colocar letras para compor as palavras. E, na maioria das vezes, não aceita menos de 3 letras para representar as palavras. Quando o professor pede que escreva uma palavra, a criança fica incomodada quando não sabe.
- Quando a criança começa a fazer uma relação entre o grafema / fonema e já faz uma representação sonora ela consegue perceber a função realmente da escrita como fator de comunicação,

Segundo, Castedo (2000), não é adequado colocar as crianças de forma homogênea para a construção de escrita para desenvolver atividades. A autora propõe algumas sugestões de intervenções para formar leitores críticos.

> "*1)* Propor problemas para as crianças para cuja solução não tenham todos os conhecimentos nem todas as estratégias para poder resolvê-los totalmente. Somente dessa maneira é que sua resolução gera a necessidade de coordenar ou dar novo significado aos conhecimentos anteriores, construir novos conhecimentos e desenvolver estratégias.

2) Organizar projetos e situações nos quais a leitura apareça contextualizada em alguma prática existente em nossa cultura.

3) Dar oportunidades para se aproximarem e transformarem interpretações diversas de um mesmo texto, retomando-as a partir das interpretações de outros, de outras leituras, outras experiências que contradigam ou enriqueçam suas interpretações iniciais.

4) Gerar situações nas quais seja necessário que as crianças explicitem suas interpretações, confrontem-nas e elaborem outras cada vez mais compartilhadas."

http://antigositebolsa.fde.sp.gov.br/rodada4/apoio/Texto%20Mirta%20-%20Grupo%20Tematizatpo-Cris.pdf. Acesso em: 04/03/2019.

O processo de intervenção de escrita deve ser bem planejado pelo professor, pois atividades em duplas são bem-vindas desde que haja diferentes tarefas que atendam às necessidades das crianças nas hipóteses e nos avanços.

Propor atividades em dupla entre uma criança alfabética e outra que está na fase pré-silábica irá gerar problemas de socialização e intervenção e não haverá avanços em ambas.

Segundo Vygotsky há duas zonas de desenvolvimento importantes para a aprendizagem:

- Zona de desenvolvimento potencial, onde há interação com o outro e a aprendizagem acontece com esta interação.
- Zona de desenvolvimento real: onde a aprendizagem acontece de forma individual.

A distância entre o desenvolvimento potencial e o real é nomeado de zona de desenvolvimento proximal, é neste ponto que percebemos o quanto a criança já sabe e o quanto é necessário ainda conquistar para que possa realizar com autonomia uma tarefa.

> "O que a criança pode fazer hoje com auxílio dos adultos poderá fazê-lo amanhã por si só. A área de desenvolvimento potencial permite-nos, pois determinar os futuros passos da criança e a dinâmica do seu desenvolvimento e examinar não só o que o desenvolvimento já produziu, mas também o que produzirá no processo de maturação.(...). Portanto, o estado do desenvolvimento mental da criança só pode ser determinado referindo-se pelo menos a dois níveis: o nível de desenvolvimento efetivo e área de desenvolvimento potencial" *(texto original de Vygotsky, in Rego, 1994, p.126)*

Desta forma, o professor exerce papel fundamental no processo de aquisição da linguagem escrita, pois ele cria possibilidades de interação com as crianças, através de uma mediação e organização de estratégias mais eficientes.

É preciso desmistificar que a criança escreve, mas não lê. Muitas crianças apenas copiam as palavras do quadro, mas não sabem o significado destas. Este aspecto confunde-se e as famílias e professores acreditam que a criança está alfabética.

Portanto, dentro de um processo de alfabetização, as atividades diagnósticas e as interferências do professor fará com que a criança avance e consiga atingir a zona de desenvolvimento real, nomeada por Vygostky.

Capítulo 5

CORPO E MOVIMENTO

Quando nos deparamos com as crianças na primeira infância, percebemos o quanto o movimento faz parte de sua expressão.

Crianças pequenas ao mamar mexem concomitantemente os pés e mãos durante o processo de sucção. Um bebê, se comunica através de vários movimentos e tem a necessidade de fazer descobertas sensoriais.

Os primeiros movimentos desta criança está no rolar, tocar objetos, pegar seus próprios pés. Logo passa a sentar e sua coluna já está apta para segurar o pescoço. Quem nunca segurou um bebê no colo e o mesmo se jogou para trás por impulso?

A importância do engatinhar para o processo de leitura e escrita

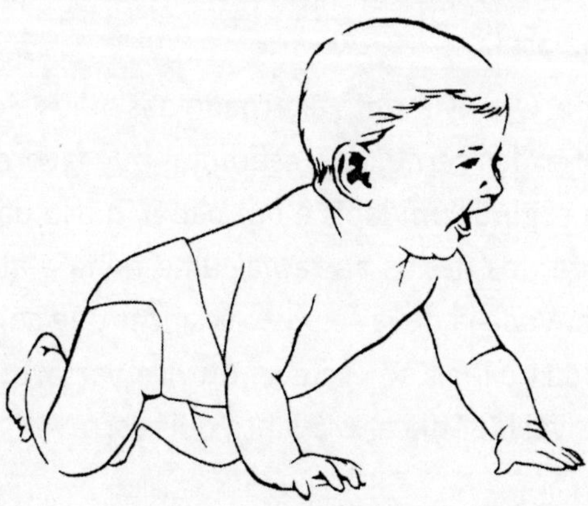

O bebê começa a engatinhar por volta de 6 a 8 meses e começa a sentir que deslocar-se no espaço passa a ter significado. Nesta fase, ele já evita o colo e pede para ir para o chão.

Muitos bebês pulam esta etapa que podem fazer falta em algumas habilidades motoras futuramente.

Ao engatinhar, acontece o desenvolvimento de várias habilidades entre elas:

Percepção visual: O campo de visão até o chão tem a altura aproximada do livro posteriormente.

Percepção espacial: Com a autonomia de locomoção a criança consegue se deslocar até um objeto que quer e também, muitas vezes, dá o ritmo deste engatinhar: acelerando quando percebe que alguém brinca ou tenta estimular a retirada do brinquedo que estava a seu alcance. Os benefícios desta percepção serão ao colocar palavras no papel e perceber o espaço em que ela ocupa.

Percepção tátil: A sensação tátil do chão e texturas, como engatinhar sob um tapete ou um chão mais frio favorecerá através das palmas das mãos sensações diferentes que trará benefícios ao escrever numa folha, numa lixa ou até na areia.

Motricidade: O movimento alternado das mãos e das pernas, criará conexões cerebrais e estímulos que favorecerão a firmeza ao segurar um lápis e um papel, o uso da tesoura, a tonicidade dos dedos ao rasgar uma folha e até o uso da borracha. Você já deve ser visto crianças que colocam força demasiada no lápis ao escrever ou vice-versa, que às vezes, é impossível identificar o criança quis escrever.

Logo a criança passa por uma nova fase e ao andar, já consegue dominar seus passos e também se insere num campo visual mais privilegiado. A posição ereta torna o bebê mais independente e livre para novas descobertas.

A partir deste momento, a percepção espacial será necessária para futuramente o ato da leitura e da escrita. Quantas crianças possuem diagnóstico de disgrafia, um distúrbio na escrita, por falta de motricidade fina.

A maturação corporal está diretamente relacionada com a maturação cerebral. Através do corpo a criança manifesta suas emoções.

Quando a criança começa a distinguir objetos e perceber as diferenças, como colocar um objeto grande dentro de uma caixa pequena e que isso não é possível, tratamos que esta diferenciação será essencial para diferenciar a posição das letras e não confundir uma letra Q com um C ou G.

Para a leitura e escrita é necessário que a criança tenha noção espacial e temporal, compreender que é preciso ler da esquerda para a direita.

Apesar de muito criticada por vários especialistas, em seu trabalho de doutorado, Gislene de Oliveira relata a importância da cópia como uma tomada consciência das letras e dos espaços.

Durante a escrita, a criança tem de ter domínio do tamanho para o uso da linha, fato que já fez anteriormente ao brincar de peças de encaixe ou guardar objetos em uma caixa. Por este motivo, reafirma-se a importância de atividades e vivências como estas na primeira infância.

A cópia sem sentido não há aprendizagem. Há um equívoco muito grande ao acreditar que a criança que faz uma cópia perfeita está alfabetizada.

Às vezes, escolas e professores submetem a criança a cópias de palavras inúmeras vezes acreditando que isto favorecerá a escrita e a leitura. Em momento nenhum a cópia trará este tipo de resultado.

Quando aborda-se o ato da escrita, é necessário ter a clareza de que se trata especificamente de um ato motor apenas quando é feito a cópia meramente pela cópia.

Agora, quando se trata de registrar o pensamento linguístico há diversos fatos relevantes que a criança deve ter:

- Percepção visual e espacial.
- Movimento ocular.
- Coordenação motora fina: as mãos devem acompanhar o pensamento.
- Percepção auditiva: quando a criança registra o que ouve.
- Freio inibitório: é a capacidade de inibir ou evitar uma ação mesmo através do pensamento.

O freio inibitório é muito importante para o ser humano e se desenvolve no decorrer da primeira infância. Podemos observar que algumas crianças são mais impulsivas e acabam reagindo a uma situação desconfortável, não somente através da agressividade, mas também tendo atitudes inadequadas frente a uma determinada situação.

A capacidade de controlar os impulsos é importante para o aprendizado. Quando a criança está com fome e ainda não é o horário do intervalo, ela levanta e abre a lancheira durante a aula, há falhas nesta função.

Portanto, esta é uma função muito importante para o aprendizado tanto quanto o controle de movimento. Você já deve ter presenciado crianças que ao escrever ou ficar sentadas não conseguem controlar seus impulsos, abre e fecha o estojo várias vezes, balança os pés ou têm necessidade de falar e interromper a aula. Estes aspectos podem ser avaliados por diferentes fatores desde o comprometimento das funções inibitórias, um transtorno ou distúrbio.

A criança com dificuldades de movimento, na sua grande maioria, também apresenta dificuldades de aprendizagem. É sabido que para a criança aprender ela tem de ter ritmo e desenvolvimento já maduros e prontidão para realizar determinados movimentos.

Foi feito uma análise de crianças em aulas de Educação Física na faixa etária de 3 a 9 anos. O objetivo da aula era que as crianças realizassem movimentos como: pular e bater a corda, rolar, andar seguindo linhas retas e sinuosas e atividades simples de pegar uma bola e arremessá-la.

Durante esta análise, foi perceptível o grande número de crianças com dificuldades motoras em que exigia pensamento imediato.

Para as atividades de corrida, quase que 90% das 100 crianças analisadas não apresentaram dificuldades. Um fato observado é que tanto as crianças menores quanto as maiores corriam sem uma direção e não ocupavam todo o espaço da quadra. Corriam agrupados e juntos, em alguns momentos até esbarravam-se.

Apesar deste número ser bem expressivo, o resultado inverteu-se consideravelmente nas atividades que exigiam maior concentração e dinamismo na execução.

Crianças na faixa etária de 8 e 9 anos, apresentaram muitas dificuldades em pular a corda. Não conseguiam respeitar o ritmo e o tempo para que pudessem pular de forma correta. Durante esta atividade, apresentaram também outros movimentos corporais durante o pular: levantavam braços, fechavam olhos, encolhiam ombros (como se a corda fosse machucá-las) ou faziam movimentos com a boca.

Ao analisar a aprendizagem acadêmica dentro da sala de aula, foi constatado que as mesmas crianças que apresentaram dificuldades nas atividades motoras demonstravam dificuldades de organização no caderno, traçado de letra ilegível, não respeitavam o espaço entre as linhas e movimento inadequado em segurar o lápis.

Segundo os professores, estas crianças apresentavam também um maior grau de distração e organização espacial, derrubavam materiais escolares com frequência e apresentavam dificuldades no recorte com tesoura.

Analisando as crianças de 3 a 5 anos, percebe-se uma grande dificuldade em andar na linha, rolar e pular em um pé só. Um fato observado, foi que durante atividades de corrida, elas gritavam ao mesmo tempo que corriam.

Podemos afirmar, neste caso que a percepção auditiva está muito relacionada à motricidade. Motivo, pelo qual, o ser humano ao ouvir uma música mais alegre e agitada começa a movimentar pés e mãos mesmo sem se deslocar em um espaço.

Novamente, podemos afirmar que as crianças que apresentaram maior dificuldade em realizar estas atividades também demonstraram dificuldades acadêmicas na sala de aula, inclusive no recorte e na posição do lápis.

A imagem a seguir, é possível analisar a postura de segurar o lápis de uma criança de 5 anos. Esta mesma criança correu com destreza pelo espaço, conseguiu andar sob a linha, porém apresentou dificuldades e tônus muscular ao arremessar a bola e pegá-la.

Crianças que seguram o lápis de forma inadequada forçam muito mais o músculo palmar e até o apoio do braço torna-se mais difícil. O movimento de preensão pode passar por várias fases: da fase primitiva, uma fase de transição e uma fase madura.

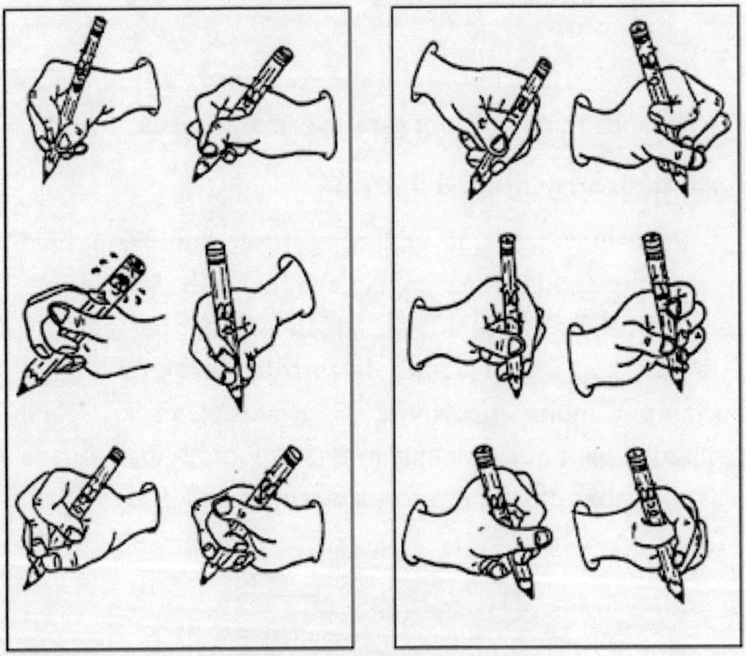

Formas incorretas de segurar o lápis

Fase primitiva: em torno de 1 a 2 anos

Evolução do grafismo: garatujas e arabescos

Fase de transição: 2 a 3 anos

Esta é uma fase que a criança está ainda se adaptando com o lápis e pode passar por algumas experiências. Na imagem, percebemos que a criança já deveria ter passado por esta fase, pois é uma criança de aproximadamente 6 anos. Portanto, é muito importante que alguns exercícios sejam realizados para que não haja memória motora inadequada e as correções posteriores tornam-se mais difíceis.

Evolução do grafismo: intencionalidade de significante

Fase de madura: após 3 anos

Evolução do grafismo: Interpretação vivencial

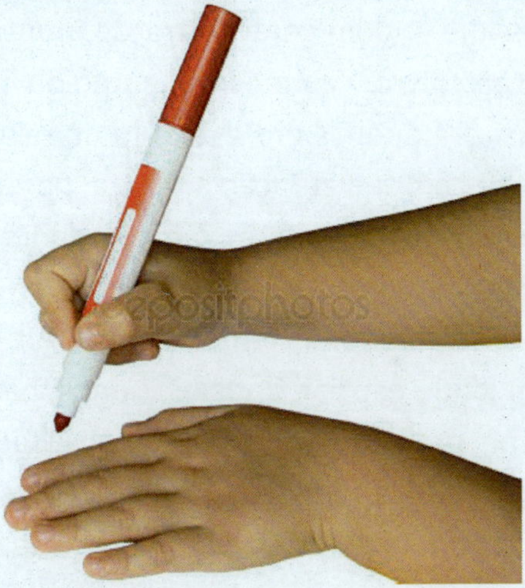

Quando a criança já consegue ter movimentos de preensão do lápis de forma correta, a preparação para a escrita avança mais facilmente. Atividades que desenvolvam a motricidade fina como alinhavos são essenciais para estes estímulos.

5.1 PERCEPÇÃO AUDITIVA

Não é possível abordar a percepção auditiva desvinculada da música e da consciência fonológica. Os movimentos corporais associados à musicalização são fundamentais para o desenvolvimento motor, discriminação auditiva, ritmo, equilíbrio e noção temporal e espacial.

Crianças que apresentam dificuldades no canal auditivo seja por falhas no processamento auditivo ou por deficiência auditiva, mesmo que leve, terá atrasos na linguagem oral e escrita.

O processamento auditivo é a capacidade que o sistema nervoso possui em discriminar sons e ruídos, selecionar os sons e prestar atenção em outros, além de inibir aqueles que podem gerar distração, por exemplo, você está lendo este livro e ao mesmo tempo ouvindo uma música. A música é apenas um estímulo de relaxamento que não interferirá em sua atenção à leitura, porém se a música for mais significativa que o texto em si, daqui a pouco você precisará retomar o que acabou de ler.

Há exames muito eficientes para serem realizados na criança em idade escolar, após os 7 anos, para verificar se há falhas no processamento auditivo. Este exame avalia como a criança recebe as informações e como o cérebro é capaz de responder ao que acabou de receber.

Na Educação Infantil e no Ensino Fundamental é necessário que o professor proponha atividades que favoreçam estímulos diferentes auditivos e também uma percepção de sons.

Atividades que envolvam amplo repertório musical e de diferentes sons podem favorecer a alfabetização, por exemplo ouvir sons de pássaros, animais, buzinas, telefones e fazer a discriminação pode se tornar uma atividade agradável em aula.

Sugestões para desenvolver a percepção auditiva com as crianças:

- Perceber a ausência dos sons. Ficar em silêncio e anotar ou desenhar os sons percebidos ao redor.
- Discriminar sons forte, fraco, longo, breve, rápido, lento, alto, baixo.
- Produzir sons utilizando partes do corpo: mãos, pés, dedos;

- Com os olhos fechados descobrir os sons. Há disponível sons de chuva, água, barulho de sirene...
- Imitar sons de animais, de objetos como: sirene, aviões, carros.
- Repetir sequência de palavras ou pequenas frases.
- Bater palmas em determinada palavra dita pelo professor dentro de uma história ou ao ouvir uma música, por exemplo, toda vez que ouvir a palavra bola a criança bate palmas.
- Bater palmas em palavras ditas pelo professor que iniciem com uma determinada sílaba, exemplo: bala/ batedeira... O professor diz palavras com sons semelhantes: dado/ bato...
- Reconhecer partes do corpo com auxílio da música como tocar o nariz, cotovelos, joelhos.
- Atividades que o aluno deverá assinalar as imagens cujo nome iniciem com a mesma sílaba. Segue exemplo:

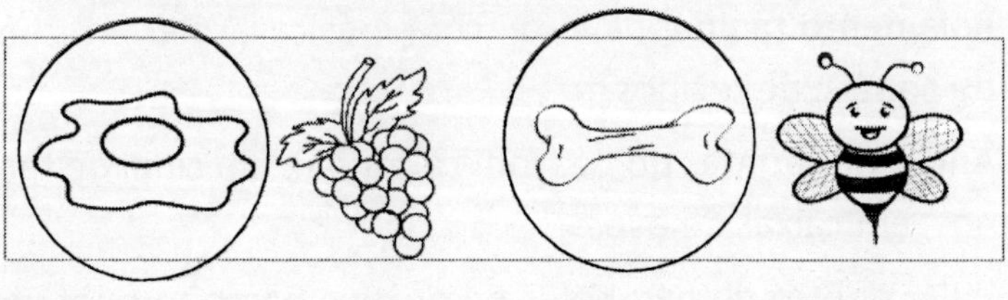

5.2. EQUILÍBRIO E LATERALIDADE

Segundo Fonseca (2012) " *a equilibração é um passo essencial do desenvolvimento psiconeurológico da criança, logo um passo-chave para todas as ações coordenadas e intencionais, que, no fundo, são os alicerces dos processos humanos de aprendizagem."*

A criança tem que ter o sistema visual que colabora para o equilíbrio, junto com os pés, aspecto fundamental para manter o equilíbrio.

É importante estimular a habilidade do equilíbrio através do rolar, girar, o balanço e permitir que desde bebê a criança tenha estas experiências, que acabam estimulando o labirinto, região da orelha interna ligada à audição, noção de equilíbrio e percepção de posição do corpo e melhora da atenção.

Atividades que envolvem a motricidade motora ampla são essenciais para a memória e atenção como:

- Balanço.
- Rolamento rápido, devagar, com músicas, rolar em cima de papeis, de tecidos.
- Andar nas pontas do pé, com calcanhar, em cima de tecidos, em caixas de ovos.
- Pular dentro de bambolês ou arcos e parar ao sinal, desenvolve também as funções motoras e o freio inibitório.

SUGESTÕES DE ATIVIDADES PARA ESTIMULAR O ATO MOTOR E COGNITIVO

Brincar, jogar, contar histórias e cantar fazem parte do universo infantil. Neste capítulo, será abordado como introduzir a ludicidade como via para facilitar a alfabetização e estimular a criança neste processo tão complexo.

A alfabetização não pode ter data e horário marcado para iniciar e terminar, o processo lúdico tem que acontecer dentro da sala de aula e pode ter uma extensão com a família em casa.

Mas antes de tudo é necessário que o educador e a família sejam reflexivos em quais atividades selecionar, pois atualmente encontramos muitas nas redes sociais, mas nem todas favorecem e auxiliam no avanço do processo de alfabetização.

- O primeiro passo é selecionar as atividades, lembre-se quanto mais divertida for mais interesse a criança terá.
- Prefira mais as brincadeiras do que os jogos, pois não há vencedor e quando a criança apresenta dificuldades ou resistência na aprendizagem da leitura e da escrita, se perder acabará desistindo.
- Lembre-se que as crianças são pequenas e que aprender a ler e a escrever exige uma maturação cerebral. Não antecipe a fase.
- Utilize materiais concretos, a percepção tátil nesta fase é muito importante, por exemplo caixas de areia, lixa, massa de modelar, alfabeto móvel.
- Inicie pelo nome da criança, escrever na areia e com massa será bem divertido.

- Há vários jogos também disponíveis no mercado que encaixam as letras às imagens, possuem roletas com as letras, etc.
- Muitos jogos podem ser confeccionados com materiais recicláveis. A criança ajuda na confecção dos materiais para depois brincar.

DICAS PARA ESTIMULAR A LEITURA

- A criança deve ter acesso aos livros dentro de casa. Livro também é diversão e isto a família pode contribuir muito. Por que não ganhar de presente um livro no aniversário ou em uma data especial?
- Levar a criança às bibliotecas e livrarias. O contato com a leitura inicia-se muito antes de aprender ler e escrever propriamente dito.
- Ler para a criança todos os dias, deixar que ela acompanhe as letras com o dedinho conforme os pais forem contando a história. Que tal contar histórias? Quem conta histórias estabelece um vínculo afetivo imenso com quem é ouvinte. Lembre-se de quem contava histórias para você em sua infância? Com certeza, alguém que se tornou muito especial em sua vida: uma avó, uma mãe, um professor?
- Solicitar que a criança ajude os pais a fazerem a lista de compras do supermercado. A família pode auxiliar na escrita e depois levar a lista ao supermercado, pedindo à criança que verifique os produtos, os nomes, os itens semelhantes, o que está faltando, etc. Sempre de forma lúdica e prazerosa este recurso poderá motivar o processo

de leitura. O mesmo pode ser feito ao ir em restaurantes, escolher cardápio...

- Evitar exercícios repetitivos e retirados de livros, redes sociais, etc. Casa não é escola, a família não pode ter o papel do professor, nem o professor da família. Ambas caminham juntas, na mesma direção e estimulando de forma conjunta. A família incentiva, busca recursos de forma lúdica, enquanto o professor assume seu papel de alfabetizador com reflexão sobre a linguagem escrita.
- Ler para a criança em voz alta. O adulto é um leitor fluente e mesmo não sendo capaz de ler, a criança passa a perceber entonação, amplitude de repertório linguístico, interpretação oral e por imagens.
- A criança tem que ter acesso a textos pequenos e curtos que possa ter contato e estímulo para a leitura, inclusive textos que já domine oralmente como cantigas, quadrinhas, contos ou fábulas.

Beard, citado *in* Capovilla (2005), propõe cinco critérios para analisar as dificuldades de um texto, no qual faço uma síntese dessa tabela a seguir, por julgar essencial para o professor ao selecionar os textos para as crianças.

Dimensões de dificuldade	*Como avaliar?*
Conceitual	A criança tem familiaridade com o conteúdo do texto? Há relação entre o texto e as atividades que serão aplicadas. As ideias subjacentes são complexas ou pouco usuais?
Organização	O texto comunica com clareza a intenção do autor? A estrutura de organização do texto é clara? Há elementos de coesão ligando claramente as partes do texto?
Gramática	Há sentenças longas e complexas? Há muitas sentenças pouco usuais, novas ou de construção difícil de entender?
Vocabulário	Há muitas palavras técnicas ou novas para o leitor? Há muito vocabulário formal ou palavras pouco familiares?
Formato	O texto é legível? As letras têm tamanho apropriado, são consistentes? As ilustrações ajudam a realçar o texto? O texto está adequadamente disposto no papel, com margens e espaços suficientes?

Fonte: Beard (1990). Development Reading 3-13.London, U.K.:Hodder & Stoughton (in Capovilla, Os novos caminhos para alfabetização infantil p.64). Adaptada.

Através da análise desta tabela, a escola exerce um papel fundamental na escolha dos materiais e dos textos que serão apropriados e apresentados aos alunos, uma vez que, textos e livros, se não forem adequados, trará maiores dificuldades ao futuro leitor. Finalizo este capítulo com um trecho de autoria sobre esse assunto.

> *"O aluno não é alfabetizado apenas pelo professor, mas ele alfabetiza-se à medida que vai interagindo com a leitura e a escrita, até que consiga compreender, de forma conceitual, o que é ler e escrever. Ao ler e interpretar os textos e palavras, que fazem parte de sua experiência diária, a criança acabará reconhecendo as letras, como também descobrirá o modo de combiná-las convencionalmente.*
>
> *Ela fará descobertas sobre o uso das letras, associando essas descobertas às suas experiências e conhecimentos adquiridos anteriormente.*
>
> *Assim, ela descobrirá que a primeira letra da palavra Coca-Cola é igual à primeira letra de seu nome Carlos, que a primeira letra de Guaraná é igual à primeira letra do nome de seu colega Guilherme, fazendo então, sempre outras relações progressivas e semelhantes."*
>
> (trecho retirado do livro: O Lúdico na Escola, 2019, Renata Aguilar)

Neste momento, é essencial que a família e a escola caminhem juntas e permitam que a criança construa seu sistema de escrita, é preciso dar espaço e tempo. Tempo este precioso e imprescindível para uma criança tão pequena e tão cheia de tarefas impostas pelo mundo do adulto.

Histórias para encantar

Contar histórias é algo muito prazeroso tanto para as crianças quanto para o professor. Além de encantar as aulas, trabalhar com histórias estreia vínculos e estimula criatividade favorecendo o processo de alfabetização.

É sabido que quanto mais contato a criança tem com livros e com a leitura, mas fácil e prazeroso será a aquisição da linguagem escrita.

Há muitas sugestões no mercado editorial de bons livros e bons autores que podem ser levados para a sala de aula como Monteiro Lobato, Ruth Rocha, Ana Maria Machado, Eva Furnari, entre outros.

Cabe a escola orientar às famílias que possam também ter livros em casa, seja uma aquisição em biblioteca ou até trocas de livros como cirandas. A criança se interessa por histórias e ao ouvi-las acaba tendo um estreito vínculo pelo adulto leitor. Contar histórias diariamente dentro da sala de aula é fazer um encantamento pela leitura e escrita.

Uma forma de encantar a aula é propor atividades que despertem não só a curiosidade das crianças, mas que as deixem com vontade de vir para a aula no dia seguinte.

Nosso cérebro é curioso e quem não gosta de assistir seriados na TV ou acompanhar os capítulos da novela? Em qual momento termina um seriado ou o capítulo? Na melhor parte, com certeza! Em sala de aula, ao contar histórias, o professor também pode interrompê-las na melhor parte, deixando as crianças curiosas.

Uma sugestão é trabalhar com histórias em capítulos e para cada semana ou apresentação de uma letra/ grafema/ fonema, parte da história seja contada. A história a seguir é apenas uma sugestão e vale a pena enriquecer com fantoches, imagens, cartazes e acessórios que despertem ainda mais o gosto das crianças.

DISGRAFIA E DIFICULDADES MOTORAS

Se há uma relação entre o cérebro e o corpo, podemos então analisar que os movimentos estão diretamente relacionados com a aprendizagem. Desde bebê, o ser humano aprende com seus movimentos e com a percepção espacial e tátil.

Através do movimento e das percepções sensoriais, o ser humano passa a perceber o mundo que o cerca, sendo que há uma evolução psicomotora a medida que há amadurecimento neuronal e motor.

Crianças pequenas apresentam dificuldades de segurar um talher e, muitas vezes, derrubam a comida ao colocá-la na boca, porém com a "repetição" dos movimentos e também com as novas experiências seu sistema nervoso vai amadurecendo e tarefas que antes eram mais difíceis passam a ser automatizadas em nossa memória.

Porém, há estudos que crianças com dificuldades de aprendizagem também apresentam dificuldades motoras.

A Psicomotricidade exerce um papel fundamental em relacionar o movimento com o pensamento em relação a si próprio, ao outro e ao mundo que cerca o ser humano.

Ainda há, dentro da escola, uma supervalorização dos aspectos cognitivos sem relação com o aspecto motor. A criança precisa aprender a se movimentar no espaço, a perceber o espaço em que ocupa, a relacionar-se com os objetos ao seu redor e também ter diferentes vivências motoras.

Infelizmente, as escolas não priorizam atividades motoras à medida que a criança cresce. Na Educação Infantil, estas vivências acontecem com maior intensidade, porém vão deixando de existir quando o aluno ingressa no Ensino Fundamental.

O desenvolvimento da motricidade proporcionará uma comunicação entre o corpo e o cérebro e suas memórias motoras.

Para Fonseca (2012),

> "a função práxica, que é uma função específica da nossa espécie, tem a ver com a capacidade de programar o movimento como produto final, tendo atrás de si imensos processos internos de elaboração. A praxia envolve, portanto, um plano e uma execução. O plano é uma função psicológica, a execução é uma função motora, ou seja, a expressão da riqueza dessa organização."

Atividades psicomotoras bem trabalhadas e desenvolvidas na escola podem ajudar muito as crianças no processo de aprendizagem.

Antigamente, as crianças eram avaliadas pela organização no caderno, a famosa letra "redonda" e o capricho, isto demonstrava, em alguns casos, uma aprendizagem, cópias intermináveis que deixavam os alunos saturados. Felizmente, este paradigma tem sido rompido, a aprendizagem não se dá pela memorização de informações ou por organização no caderno, porém, é preciso levar em consideração que uma letra legível com espaçamento adequado favorece ao cérebro uma organização do pensamento.

Quantos alunos não compreendem o que escreveram, anotam as tarefas da sala de aula, mas se precisarem retomar não identificam. Uma organização espacial e legível são fundamentais para a fixação da memória.

A escrita tem uma relação direta com o grafismo e a noção espacial, em termos da motricidade, não nos referimos neste momento da produção textual e sim no aspecto motor.

Cópias de textos ou palavras não estão ligadas ao processo de alfabetização, uma criança que copia da lousa pode não saber o que está escrevendo, apenas repetindo traçados.

Há ainda também muitas suposições sobre a escrita espelhada", crianças que escrevem **p** ao invés do **q**, **3** e **E** se confundem. Este é algo muito comum no início da aprendizagem, e tende a desaparecer por volta dos 6 anos. Pode ser um dos sintomas da dislexia, porém não é regra, para um bom diagnóstico de dislexia é necessária uma equipe multidisciplinar.

Os grafemas de traços comuns são facilmente confundidos pela criança: **b/d, p/b, p/q**. Estas dificuldades podem ser associadas à construção das representações grafemas/fonemas, porém não pode-se afirmar que é um transtorno de aprendizagem.

Para Gárcia (1998), os atrasos na escrita podem estar relacionados a vários fatores, mas vamos refletir neste momento ao atraso no processo motor. Para o autor estas dificuldades motoras podem ser de três tipos:

- Nos *alógrafos* podem haver mesclas de letras maiúscula e minúsculas, adições ou omissões.
- Nos padrões motores, letras grandes e pequenas, inclinação, desenho inadequado das letras...
- Organização geral em linhas inclinadas, espaços excessivos, letras amontoadas, não respeito às margens.

SUGESTÕES DE ATIVIDADES PSICOMOTORAS

Atividades na área de Comunicação e Expressão

- Fazer caretas que expressem tristeza, alegria, raiva, susto, etc.
- Jogar beijos.
- Fazer bochechos, com e sem água.
- Assoprar apitos.
- Fazer bolhas de sabão.
- Assoprar canudos.
- Fazer sons com a boca e com a língua (imitar sons de animais).
- Imitar movimentos de pessoas que estão projetadas em uma imagem de revista, por exemplo, movimento estático.
- Inspirar pelo nariz e expirar pela boca.
- Assoprar velas
- Aprender a assoar o nariz.

Expressão Verbal e Gestual:

- Contar o que vê em fotos ou gravuras, começar com gravuras que contenham poucos elementos.
- Contar a história de seus próprios desenhos
- Imitar ondas do mar, mesa, animais, etc.,
- Imitar algo, somente com gestos, para os colegas adivinharem o que é, se for preciso, usar sons (brincadeira da mímica)
- Cantar músicas em diferentes ritmos e tons: rápido, lento, alto, baixo...

Percepção

- Fechar os olhos e com as mãos e adivinhar os objetos.
- Reconhecer colegas pelo tato.
- Andar descalço em lama, água, areia, terra, madeira, embalagens de ovos contando depois o que sentiu.
- Manipular objetos com variações de temperatura (quente, gelado, morno) e tamanhos (grande, pequeno).
- Escrever em diferentes texturas, lixa, areia.

Percepção Gustativa:

- Experimentar alimentos em diferentes temperaturas e de diferentes texturas.

Percepção Olfativa:

- Experimentar coisas que têm e que não têm cheiro.
- Sentir e comparar odores fortes e fracos, agradáveis e desagradáveis em materiais como: vinagre, álcool, café, perfumes.

Percepção Auditiva:

- Identificar e imitar sons e ruídos produzidos por animais e fenômenos da natureza.
- Fazer rimas com palavras.

Percepção Visual:

- Organizar objetos de acordo com suas cores e formas.
- Realizar atividades que a criança possa identificar semelhanças e diferenças, como *jogos de sete erros.*
- Encontrar objetos dentre outros semelhantes ou pelas cores.

Atividades na Área da Coordenação

- Andar, correr, engatinhar e pular em diferentes ritmos.
- Imitar movimento de animais.
- Brincadeiras de bola como arremesso.
- Andar sob um banco ou uma linha.
- Modelar com massa e argila.
- Folhear livros e revistas, folha por folha.
- Recortar com os dedos e depois com tesoura.
- Fazer metade de um desenho ou uma letra e deixar com que a criança complete.
- Escrever na areia ou na lixa.

6.2 PRÁTICAS ESSENCIAIS PARA O PROCESSO DE AQUISIÇÃO DA LINGUAGEM ESCRITA

Diante de tantas informações escritas que a criança está inserida, é necessário que o professor alfabetizador tenha, além de objetivos definidos, aspectos relevantes destacados a seguir para facilitar seu dia a dia.

Verificar o conhecimento da criança:

- É importante saber em qual hipótese silábica a criança se encontra.
- Realizar atividades diferentes para cada grupo, respeitando a hipótese silábica em que cada aluno se encontra.
- Planejar e preparar atividades que tenham como objetivos o sistema de escrita e a prática da linguagem
- Contemplar atividades que favoreçam a reflexão da criança na leitura tentando ler e escrever.

- Evitar cópias de textos e exercícios que objetivam apenas a memorização.
- Trabalhar o propósito comunicativo dos textos (informar, emocionar, argumentar...) e a forma como eles se apresentam na vida real, investigando as marcas e características de cada gênero.

Elaborar projetos que tenham significado para a criança

- Planejar as etapas de um processo que resulte em um produto final, oferecendo contextos nos quais a leitura e escrita ganhem sentido e apareçam como uma atividade comunicativa.
- Promover destinatários reais para as produções escritas da turma. Exemplo: uma mostra para as família, a produção de um livro feito pela turma, uma apresentação...

Atividades permanentes no plano de aula com foco na leitura e escrita

- Favorecer, por meio de atividades realizadas diariamente, o contato com a linguagem escrita em uso no dia a dia, o desenvolvimento de hábitos de leitura e a reflexão sobre o sistema de escrita.
- Promover rodas de histórias diariamente e o contato com livros.
- Promover situações de leitura como identificar nomes dos colegas, escrever listas, ler para a turma.

Coletânea de textos de diferentes gêneros.

- Construir saberes sobre a leitura;
- Selecionar textos poéticos conhecidos;

- Distribuir para os alunos cópias dos textos para que acompanhem a leitura, mesmo que ainda não estejam lendo convencionalmente;
- Fazer questionamentos do tipo: Onde está a palavra Gato?
- Após fazer a coletânea, os alunos podem montar um livro, escolher o título e ilustrar a capa.

Leitura e exploração de títulos

- Listar vários títulos;
- Explicar a função do título;
- Deixar a lista fixada na sala;
- A cada título descobrir as letras e as palavras através de questionamentos e da intervenção do professor;

Centopeia Literária.

A leitura diária, feita pelo professor, é uma prática que favorece e estimula o processo de escrita e leitura. A sugestão a seguir consiste no professor fixar na parede da sala o rosto de uma centopeia. A medida que o professor conta uma determinada história para a turma, ele escreve em um círculo o título da história.

O ponto mais motivador para a turma é que a centopeia cresce à medida que as histórias são lidas.

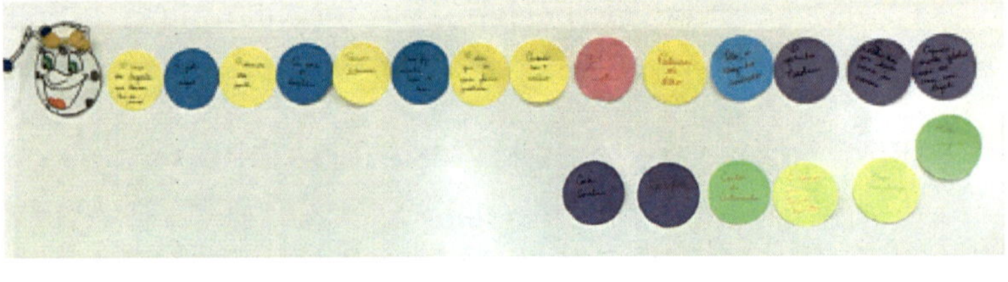

Textos informativos

O professor seleciona textos que trazem informações para a turma, por exemplo, a vida, costumes e o habitat de um urso.

- Primeiramente, ele faz a leitura para que os alunos conheçam a informação;
- Descobrir que as ilustrações dão pistas sobre o texto;
- O tema tem que ser de interesse dos alunos;
- Solicitar que tragam informações ou ilustrações sobre o assunto;
- Reler parágrafos;
- Permitir que os alunos manuseiem o texto.
- Promover novas descobertas sobre o assunto e destacar num "Mural de Descobertas" que pode ficar na sala de aula.

Álbum com legenda

- Cada aluno traz várias fotografias, figurinhas, imagens de revistas e jornais;
- Atividade deve ser feita em grupo;
- Deixar que os alunos conheçam diferentes tipos de legendas em revistas, jornais...
- Diferenciar os textos descritivos com os narrativos;
- Pedir que o grupo escreva primeiro num papel a legenda, selecione as imagens, antes de colocar no álbum.

Uso de diferentes gêneros literários

- Apresentar autores em obras de reconhecida qualidade;
- Comunicar os motivos pelo qual selecionou o livro;

- Ler o texto de acordo com o que está escrito;
- Promover comentários das obras lidas em aula;
- Destacar a capa do livro, apresentando o autor;
- Antes o professor deve pesquisar sobre o autor. Ilustrador, enriquecendo o repertório;

Retratar a estrutura do texto.

Comparar histórias

- Explorar características de personagens em diferentes contos;
- Perguntar às crianças se conhecem os contos de lobo;
- Fazer uma lista das histórias e organizar pra ler,nas rodas;
- A cada história fazer um levantamento de aspectos relacionados ao lobo, comparando-o: " Você acha que nesta história o lobo é bom ou mau?";
- Promover argumentos e anotar na tabela.

Leitura Compartilhada

- Explicar do que se trata a história;
- Deixar que a criança explore a capa;
- Questionar se alguém lembra do comentário que você fez sobre o personagem;
- Fazer questionamentos sobre a história;
- Cada aluno fará perguntas para o personagem caso encontrasse com ela;
- Deixar que reproduzam por escrito a história;
- Se necessário fazer a releitura.

SUGESTÕES DE ATIVIDADES

- Caixa com figuras: o professor deverá montar caixas, sendo que cada uma corresponda a uma letra do alfabeto. Dentro de cada caixa deverá ter figuras ou objetos que iniciem com as respectivas letras. Assim, o professor poderá propor aos alunos que retirem um objeto de uma determinada letra e posteriormente escreva a palavra.
- Batata-quente: o professor colocará em um saquinho várias palavras. O saquinho deverá passar entre as crianças e ao sinal do professor, a criança que tiver com o saquinho deverá retirar uma palavra e ler em voz alta.
- Áudio de Whatsapp: o aluno retira a palavra, lê e passa para o amigo através de um sussurro no ouvido; o aluno que ouviu, deverá passar para o aluno seguinte e assim, sucessivamente, até chegar ao último que deverá falar em voz alta o que ouviu.
- Mímica: o professor confeccionará fichas com palavras (ou figuras). A criança deverá retirar uma ficha e fazer a mímica, representando a palavra. As crianças deverão adivinhar a palavra.
- Ditado musical. Ao sinal, o professor para a música e o aluno escreverá ou desenhará a última palavra que ouviu.
- Como terminar a música/filme ou história? O professor colocará uma música, um filme ou poderá narrar uma história. A um determinado ponto, o professor interrompe a história e a criança deverá continuar verbalmente, como imagina o seu final. Depois, solicitar que a criança escreva livremente o que ouviu ou falou.

• Jogo de palavras: o professor distribuirá palitos de sorvete ou de fósforo e as crianças formarão palavras com os palitos, livremente ou de acordo com a denominação do professor.

• Escrever a letra inicial que está sendo estudada, num pedaço de cartolina e, colocá-la no centro da mesa. Ao longo da semana, as crianças podem trazer objetos de casa que comecem com o som da letra e colocá-los na mesa. Os objetos deverão ser etiquetados com o nome.

• Fazer círculos ou quadrados no chão com sílabas ou letras e o professor sorteia um desafio:

BA	**LA**	**FA**	**MA**	**RA**

• Ex: é a primeira sílaba da palavra bala. A criança deverá descobrir e entrar dentro do círculo.

- Pescaria: as crianças desenham vários peixes em papel cartão ou cartolina. Pintam, recortam e colam uma letra ou palavra em cada peixe (poderá ser colado um imã em cada peixe e providenciado uma varinha de pesca, típico de festa junina).

A criança pescará um peixe, dizer a letra ou palavra correspondente ao peixe e em seguida, pegar um objeto que represente a letra que a criança retirou.

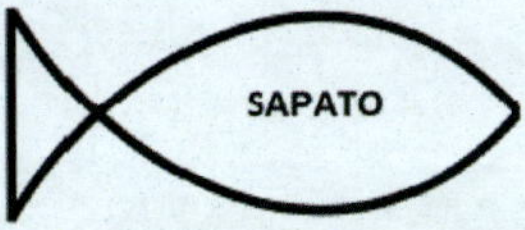

Mural de Descobertas

O professor elabora um quadro que deve ser fixado na sala. A cada final de aula, é fixado uma descoberta neste mural. Por exemplo: a descoberta de um significado de uma palavra, de um conceito ou até uma pergunta para a próxima aula.

No dia seguinte, o professor retoma a descoberta feita no dia anterior. Com este tipo de atividade, nosso cérebro fixa as informações transformando-as em conhecimento.

MURAL DE DESCOBERTAS

12. Sequência alfabética com tampinhas de garrafas

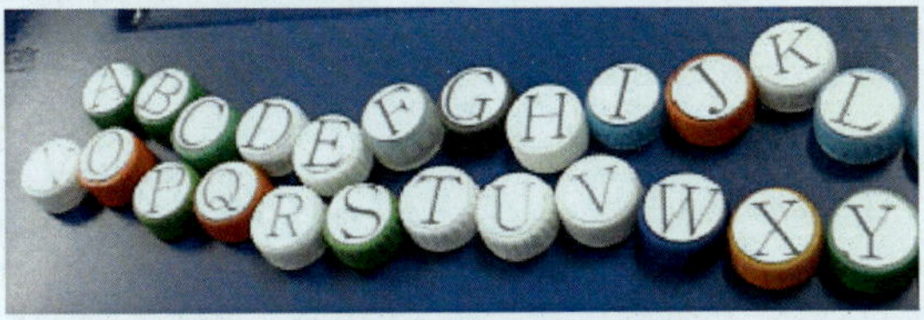

Qual a letra que deve sair da árvore?

O professor desenha uma árvore e dentro de cada árvore coloca letras. O aluno retira uma ficha com uma imagem e deverá retirar a letra respectiva a imagem.

Exemplo: Retirar as letras que compõem a palavra **SOL.**

Montar palavras com pregadores.

- Recortar e colar imagens numa folha e ao lado dela deverá estar escrito apenas parte da palavra. No pregador apenas a inicial da palavra está colada. O aluno deverá associar as sílabas que estão faltando com a palavra restante. Esta é uma atividade que favorece o movimento de pinça, além da associação da escrita e da leitura.

ANEXO – História

O Reino Encantado Das Letras

Capítulo 1 - A rainha

Num reino muito distante e enorme, vivia uma rainha triste e solitária. Desde pequena não tinha amigos e vivia sozinha andando pelo castelo. Ela até tentava ter amigos, mas nunca conseguia.

Às vezes, apareciam algumas borboletas e pássaros, mas logo iam embora, pois neste reino não havia alegria.

As flores eram sem cores, o jardim murcho e o lago estava quase seco.

Apesar de tudo isto, a rainha era muito bela. Era alta, usava uma coroa cheia de diamantes e um manto vermelho. Ela nem tinha nome, só lembrava que começava com a letra **A**.

Certo dia, a rainha resolveu dar uma volta em seu reino e viu alguém se aproximando, um vulto. Quem seria? Nunca havia visto ninguém por aquelas ruas.

Ficou parada esperando e observando esta pessoa se aproximar.

Uma senhora bem idosa com um xale roxo, cabelos brancos e óculos vinha caminhando devagar.

Logo perguntou:

— Minha menina, sou uma pobre velhinha a procura de comida, um pouquinho de água e abrigo. Você pode me ajudar?

A rainha logo lembrou-se da história da Branca de Neve. Será alguém disfarçado? Seria uma bruxa?

— Qual seu nome minha menina?

— Não sei, minha senhora, apenas que começa com a letra A, mas entre e darei um pouco de comida e água.

PARA PROFESSOR: APRESENTAR A VOGAL A E SEU RESPECTIVO SOM.

A pobre velhinha entrou e ficou observando toda aquela riqueza, nunca tinha visto nada igual, era lindo!

A rainha deu comida e água para a velhinha que devorou tudo em segundos. Logo se sentia bem melhor e ela já começou a dar palpites no reino.

Abriu as janelas para o Sol entrar, foi até o jardim, conversava com as flores e logo ganhavam cores. Conversou também com alguns pequenos pássaros que estavam voando ali perto e adivinhem só? Eles resolveram fazer seus ninhos nas árvores do reino.

Em pouco tempo, o castelo estava um pouco mais colorido, mas não alegre. A rainha não conversava com a velhinha, apenas olhava e nem sorrisos dava.

Depois de alguns dias, a velhinha foi até o porão e encontrou um livro todo empoeirado.

Limpou o livro, sacudiu e dele escutou: ATCHIM!! ATCHIM!!!

A rainha que só observava, gritou:

— Não mexa no meu livro! – E logo tirou o livro das mãos da velhinha.

Não deu tempo! O livro era mágico e saiu de lá de dentro o vovô **Ari**, que não parava de espirrar, ele era alérgico a poeiras. Coitado!

— Puxa, obrigada, ATCHIM, não aguentava mais espirrar!!!

— Minha querida amiga! Quanto tempo! – vovô Ari deu um grande abraço na velhinha, pareciam velhos amigos.

PARA PROFESSOR: APRESENTAR A VOGAL A MINÚSCULA E SEU RESPECTIVO SOM.

Realmente, foram amigos de escola e já se conheciam.

— O que faz aqui minha amiga?

Os dois começaram a conversar sem parar e lembrar dos tempos de escola, as brincadeiras e as travessuras.

Conversa vai... conversa vem... e até se esqueceram da rainha que só observava e sem perceber, derrubou uma lágrima. Ela nunca tinha ido a uma escola, não sabia o que era aquilo que eles conversavam com tanta alegria e entusiasmo.

Ao ver a rainha encostada num cantinho da parede abraçada no livro, a velhinha chama a rainha para sentar-se ao seu lado.

Em seguida, tira o livro das mãos da rainha e os três sentam um do lado do outro. A velhinha abre o livro e começa a contar uma história.

A história começava assim: "Num reino distante, morava uma linda menina..."

Mas a história nem bem tinha começado, quando ouve-se um grito dentro de um baú que estava lá no porão.

Capítulo 2 - Chegou um filhotinho

— ME TIREM DAQUI! SOCORRO!, NOSSA, ALGUÉM ME OUVE?

Era um animal bem estranho com uma tromba enorme que falava demais... não parava de falar um segundo.

Uma elefanta muito fofa! Um filhotinho! A rainha nunca tinha visto este animal! Que animal estranho!

A rainha deu um grito:

— EEEEEEi, não encoste em mim!

Mas a elefanta era tão mansinha e logo se apaixonou pela rainha, ficava admirada com tanta beleza, encostava em seu colo, cheirava seu rosto e fazia chamego nela.

E, sem perceber, logo a rainha foi permitindo e, enquanto a velhinha contava a história, já estava fazendo carinho na elefanta, ela era tão pequenininha. Mas também não tinha um nome.

Como ficar assim? Nada tinha nome neste reino, apenas o vovô Ari.

Que tal você ajudar e dar um nome para a elefanta? Pense num nome bem legal!

O nome da elefanta é:

____

PARA PROFESSOR: APRESENTAR A VOGAL E E SEU RESPECTIVO SOM.

O castelo já estava um pouco mais barulhento, a elefanta corria por todos os lados, o vovô Ari ajudava a velhinha a limpar o castelo e mais espirrava do que limpava.

E a rainha? Bom ... ela ainda estava triste, mas às vezes soltava um sorrisinho pelas atrapalhadas da elefanta que só aprontava.

Capítulo 3 - A índia esperta

Numa tarde bem ensolarada, a elefanta, como sempre saia gritando, mas era um grito diferente. Ela foi andar ao redor do castelo e voltou com um cocar de índio na cabeça.

Atrás dela estava uma tribo indígena inteira comandada por uma indiazinha bem charmosa. Era a **Iara**, uma índia travessa, mas muito esperta. Atirava flechas e gritava para que a elefanta devolvesse seu cocar.

Quando a rainha viu, saiu correndo para proteger a elefanta, afinal já estava começando a gostar dela.

— Pare! Aqui no meu reino, ninguém ataca ninguém!

A Iara, ao ver sua majestade, abaixou e fez os cumprimentos devido de uma rainha.

— Oh! Majestade, já tinha ouvido falar em minha tribo de seu reino, é verdade! Uma rainha! Desculpe-me, só quero meu cocar de volta!

A rainha retirou o cocar da cabeça da elefanta que estava rodopiando com ele, fazia graça e dançava. Devolveu para Iara, que era uma bela índia. Se desculpou e a convidou para jantar naquele dia.

O castelo estava começando a ficar um pouco mais animado!

PARA PROFESSOR: APRESENTAR A VOGAL I E SEU RESPECTIVO SOM.

No dia seguinte, a velhinha disse que precisava de blusas de frio, ela sentia muito frio e ia até a cidade para comprar blusas de lã.

O vovô Ari, resolveu ir junto com para ajudá-la com as sacolas.

Capítulo 4 - Salvem as ovelhas!

Na cidade, a velhinha ficou sabendo que a lã vinha das ovelhas e resolveu salvar uma delas. Foi uma aventura capturar a ovelha.

Na volta, adivinhem quem vem junto com eles? Uma ovelhinha muito rechonchuda e fofinha.

Quando a rainha viu, não acreditava! Mais um animal para morar no castelo! Isto não poderia dar certo!

Mas quem gostou mesmo da companhia foi a elefanta, que corria, pulava, fazia graça e a levantava com a tromba. A ovelhinha estava muito assustada.

E agora? Mais um animalzinho para dar nome? Vamos lá, pense em um nome bem legal para esta ovelhinha tão charmosa!

O nome da ovelha é :

____

PARA PROFESSOR: APRESENTAR A VOGAL O E SEU RESPECTIVO SOM.

Capítulo 5 - Acordaram o urso

A ovelha e a elefanta tornaram-se muito amigas e também aprontavam tanto pelo castelo que, em uma de suas brincadeiras, foram parar na caverna de um urso que estava hibernando.

Durante a brincadeira de esconde-esconde, a ovelha se escondeu dentro da caverna e, sem perceber, acordou o urso.

Foi uma gritaria, ou melhor berravam, gritavam, sacudiam, corriam e o urso muito sonolento, saiu correndo atrás das duas dentro do castelo e sabem onde ele foi parar?

Dentro do quarto da rainha, encontrou uma cama e voltou a dormir!

A rainha ficou furiosa, mais um animal! E, pior não sabia se ele era feroz e poderia machucar alguém.

Depois de algumas horas, o urso acordou e foi direto para a geladeira, abriu todos os potes e devorou tudo em segundos.

Era apenas um filhote de urso e também era muito solitário, não tinha ninguém. Seus pais haviam sido mortos por caçadores.

Você sabia que muitos ursos acabam ficando sem seu habitat natural devido à caça predatória ou pelos derretimentos das geleiras?

Por isto que é importante cuidarmos do meio ambiente e de sua preservação.

E adivinhem onde este fofucho vai morar? Acertou quem falou que irá morar no castelo. Mais um animalzinho. Agora sim, a confusão está feita! Uma elefanta, um urso e uma ovelha juntos!

Que tal dar um nome para este ursinho? Ele também não tem nome!

O nome do urso é :

____

PARA PROFESSOR: APRESENTAR A VOGAL U E SEU RESPECTIVO SOM.

Após alguns dias, as coisas estavam se normalizando no castelo. A velhinha e o vovô Ari estavam terminando a reforma, a rainha passou a ajudar e os animais brincavam sem parar.

Mas, e o livro mágico? Ele continuava guardado em uma estante na sala.

Capítulo 6 - O segredo do livro mágico

A rainha resolveu pegar o livro mais uma vez, pois ele continha um segredo. Qual seria o segredo? Cada vez que ele era aberto, um personagem do livro escapava.

E dessa vez não foi diferente, mas ao abrir o livro não escapou apenas um personagem e sim CINCO, todos de uma vez:

O LEÃO LINO **A MACACA MOLI**

O JACARÉ JUJU **O DUDU** **O FÁBIO**

Estes dois últimos personagens saíram da história dos contos de fadas e se juntaram com os outros. Foi uma festa!

Cada personagem que saia do livro se apresentava para os demais moradores do castelo.

O mais engraçado era a forma de se cumprimentarem.

O vovô Ari fazia um toque com as mãos assim:

E desta forma cumprimentou a todos os moradores formando sons diferentes com cada um.

LA – JA – DA – MA – FA

A elefanta também quis inventar seu cumprimento e foi assim:

Mais sons foram formados.

LE – JE – DE – ME – FE

A índia Iara era mais delicada e resolveu cumprimentar estes novos personagens apenas usando os dedinhos. Assim formaram também novos sons:

LI – JI – DI – MI – FI

A ovelha como era toda rechonchuda, seu cumprimento foi bem diferente.

LO – JO – DO – MO – FO

Você já ganhou um abraço de urso? Pois foi assim que o urso cumprimentou todos os novos personagens. E os sons foram formados.

LU – JU – DU – MU – FU

PARA PROFESSOR: A cada letra/ som que o professor apresentar aos alunos deve ser feito estes movimentos mágicos. O objetivo é que a criança estabeleça uma associação entre os cumprimentos aos personagens e seus respectivos sons.

Capítulo 7 - Uma aventura no circo

Depois de tanta confusão neste castelo, a rainha já estava mais conformada com tanta gente que teve uma ideia.

Ela tinha ouvido no rádio que um circo tinha chegado na cidade e com ele muitas atrações.

Não demorou muito e a notícia se espalhou pelo castelo. Ir ao circo? Que divertido! Todos não viam a hora de chegar o grande dia.

A rainha pediu que o Ari comprasse os ingressos e lá foram todos.

A macaca Moli era a mais animada, aprontava tanto que escondeu a meia da elefanta. Foi uma confusão para encontrar e quase que a elefanta vai com um pé só.

Na entrada já ficaram encantados com tanto colorido e com a música.

Logo sentaram na arquibancada e aguardavam ansiosos o início do espetáculo.

A primeira atração era uma linda boneca falante, parecia a **Emília**, do Sitio do Pica Pau Amarelo, personagem de Monteiro Lobato. Ela tinha as bochechas bem vermelhinhas e estava muito maquiada.

Ela fez questão de cumprimentar a todos do castelo, formando novos sons. Você lembra da forma como cada um fez seu cumprimento?

Vamos lá ... tente lembrar!

BA – BE – BI – BO – BU

PARA PROFESSOR: APRESENTAR A LETRA B E SEU RESPECTIVO SOM.

Outra atração que deixou a macaca super entusiamada foi o palhaço Pingo. Sabem onde ela foi parar? Ela entrou dentro do sapato do palhaço e fez muitas cócegas. Pingo não parava de rir e a plateia ria junto. Foi uma risada geral.

PARA PROFESSOR: APRESENTAR A LETRA P E SEU RESPECTIVO SOM.

Estavam todos aguardando a chegada do Cavalo **Cocada**, era um cavalo que fazia apresentações incríveis, sabia saltar, dar piruetas e trotar com muitas habilidades. Ele vivia com a égua **Eli**, eram muito felizes com cinco filhotes, mas certo dia dois sumiram.

E, por mais que tentassem ser felizes no circo não conseguiam parar de pensar nestes dois cavalinhos. Poderiam estar perdidos!

Apesar da tristeza que sentiam não poderiam deixar o espetáculo e trazer alegria para quem assistia à apresentação.

Só faltava a última apresentação. A mais aguardada por todos. O menino foguete. **Kaká** era um menino muito corajoso e não tinha medo de nada. Ele era lindo, havia nascido em outro país, era japonês. Seu sonho era ser astronauta, por este motivo ele e sua amiga **Wilma** faziam a apresentação de subir em um foguete e se aventurar pelo espaço. Wilma era uma criança muito especial, ela tinha Síndrome de Down. E, adorava ajudar Kaká.

PARA PROFESSOR: APRESENTAR AS LETRAS K E W E SEU RESPECTIVO SOM.

Kaká tinha um excelente ajudante, o **Xavier** que andava numa cadeira de rodas. Ele nasceu com uma deficiência física, mas era ágil. Trazia tudo o que Kaká precisava.

PARA PROFESSOR: APRESENTAR A LETRA X E SEU RESPECTIVO SOM.

Após o encerramento do espetáculo, todos do castelo foram parabenizar e cumprimentar os artistas e juntos descobriram também novos sons.

O PALHAÇO PINGO TROUXE A LETRA P
O CAVALO COCADA TROUXE APENAS TRÊS SONS: CA, CO, CU
KAKÁ TROUXE A LETRA K
WILMA TROUXE O W
XAVIER TROUXE A LETRA X

Capítulo 8 - Os segredos do S e do R

O Dudu e o Fábio não estavam muito contentes após o espetáculo do circo. Eles ficaram sensibilizados com o cavalo Cocada e a égua Eli, por terem perdido seus filhotes.

Dudu só sabia se comunicar através da língua de sinais e isto foi muito útil, pois percebeu que no reino havia crianças que não podiam escutar e passou a ensiná-las a se comunicar. Você conhece a língua de sinais? Tente fazer seu nome usando apenas os gestos.

Os dois estavam decididos a procurar os dois cavalinhos perdidos e saíram em busca de ajuda. O primeiro a querer participar desta busca foi o Jacaré Juju.

PARA PROFESSOR: APRESENTAR A LETRA J E SEU RESPECTIVO SOM.

Os três percorreram montanhas, vales, subiram morros, atravessaram rios e quando estavam quase desistindo ouviram um som muito alto vindo da lagoa Siriri, uma lagoa bem perto do castelo.

Pararam e quando viram encontraram uma família de sapos. Havia a mamãe sapa, papai sapo, cinco girinos e mais dois bem diferentes. Eles não pareciam nada com sapos, pareciam mais cavalos do que sapos. Eram grandes, só que faziam sons iguais ao do sapo.

Jacaré Juju entrou na lagoa e percebeu que se tratava dos dois cavalinhos perdidos. Sapo Sassá, o papai, explicou que eles estavam perdidos e chorando muito, por este motivo resolveu adotá-los.

PARA PROFESSOR: APRESENTAR A LETRA S E OS SONS DO CE/CI

E, o mais interessante é que como eles foram criados pela família sapo, não sabiam mais falar o som do **CA** e sim a língua do S, portanto só sabiam falar:

CE – CI

Ao retornarem para o castelo, contaram a todos a novidade e a família sapo foi junto. Cada integrante também cumprimentou e descobriram novos sons.

SA – SE – SI – SO – SU

O sapo contou a todos o segredo dos cavalinhos e trouxe com ele e sua família outros segredos. A letra S possui vários sons dependendo das palavras como são escritas:

S COM SOM DE Z

OS GÊMEOS SS

TEM ATÉ O X QUE DISFARÇA SER UM S

AS LETRAS C E Ç TAMBÉM FAZEM PARTE DESTE SEGREDO.

Ao ouvir todos estes segredos, a rainha que estava sentada em seu trono resolveu falar.

Todos aplaudiram, pois fazia muito tempo que não ouviam a voz da majestade.

— Meus amigos, vocês tornaram meus dias mais alegres neste castelo. Não esperava que pudesse ter tantos amigos e ser feliz ao mesmo tempo. Por este motivo, vou revelar um segredo que guardo comigo há bastante tempo.

Silêncio geral!

A rainha abriu seu baú e de lá tirou uma linda bonequinha vestida de rainha. Era sua boneca preferida quando criança. Uma boneca chamada Rita. Junto com a boneca, a rainha revelou os segredos da letra **R**.

PARA PROFESSOR: APRESENTAR A LETRA R E SEU RESPECTIVO SOM.

R COM SOM FRACO QUANDO ESTÁ ENTRE AS VOGAIS
RR COM SOM FORTE
R EM VÁRIAS POSIÇÕES NAS SÍLABAS: AR – ER-IR-OR-UR OU QUANDO ENTRA NO MEIO DAS SÍLABAS JÁ FORMADAS: BRA— CRA...

Capítulo 9 - A grande descoberta

Quantas emoções! E quantas revelações!

Para comemorar toda esta alegria, a rainha resolveu dar uma festa. Contratou o melhor bufê do reino e até uma banda para tocar.

Enquanto todos se preparavam para a festa, algo muito estranho aconteceu dentro do castelo.

O livro mágico começou a abrir sozinho e vários personagens escaparam: a girafa **Gigi**, o pássaro **Noitibó** e um vilão das histórias em quadrinhos.

PARA PROFESSOR: APRESENTAR AS LETRAS G E N .

A Gigi e Noitibó foram cumprimentar todos do castelo e também descobriram novos sons. **GA/GO/GU/ NA/NE/ NI/NO/NU**. Mas onde foram parar o **GE** e o **GI**?

O vilão, que estava escondido havia raptado os dois e trocado a voz deles. Eles não conseguiam mais falar com a voz do **GAAAA** e sim com a voz do Jacaré. Foi uma confusão.

Onde este vilão havia se escondido? Já estava tudo pronto para a festa começar, os convidados estavam chegando.

A rainha chamou seus seguranças e todos foram em busca do vilão. Mas quem foi o herói desta história?

A banda já estava chegando, afinando os instrumentos e montando todos os equipamentos.

O cantor hipopótamo **Henrique** só ria, mal podia falar, tinha tomado tanta chuva que perdera a voz.

PARA PROFESSOR: APRESENTAR A LETRA H E EXPLICAR AOS ALUNOS QUE NO INÍCIO DE PALAVRAS ESTA LETRA NÃO POSSUI SOM.

O baterista era o tamanduá **Tico** que era um roqueiro internacional, mas se distraia ao olhar as formigas passando.

PARA PROFESSOR: APRESENTAR A LETRA T .

Os quitutes estavam deliciosos e a macaca Moli estava escondida na cozinha comendo brigadeiros e muitos quindins. Ela adorava quindim!

A cozinheira **Quati** ficou furiosa quando viu a macaca comendo tudo e a colocou para fora da cozinha.

PARA PROFESSOR: APRESENTAR A LETRA Q.

A macaca gritava que tinha descoberto mais sons e quem ajudava a Quati escondido, era o urso. Por isso que a letra **Q** estava sempre com a **U** nas palavras.

Os seguranças **Y** e **Z** estavam pelo castelo e descobriram onde o vilão estava escondido. Adivinhem só? Ele entrou dentro de uma caixa de presentes e se escondeu embaixo do xale da velhinha que até agora não tinha nome.

Os dois prenderam o vilão e o mandaram de volta para o livro mágico.

A festa continuou a noite toda com muita música e alegria.

Mas faltava a revelação de mais um segredo. Quem era esta velhinha tão amável que, por causa dela, o castelo foi transformado?

Quase no final da festa, a velhinha pegou o microfone e revelou seu segredo. Era a vovó da rainha, ela tinha a missão de transformar o coração dela em bondade e alegria. A vovó era muito especial, temos sempre que aprender muito com os idosos. Ela chamava-se vovó Valquíria e trouxe também os sons da letra **V**.

E, agora você já sabe o nome desta rainha?

Tente descobrir seguindo as pistas:

Começa com a letra A.

Tem 4 letras.

Termina com a letra da palavra rainha.

Acertou AMOR. Que não falte nunca amor entre as pessoas e aos nossos amigos.

CONCLUSÃO

O processo de aquisição da linguagem escrita não é fácil e exige da criança uma maturação cerebral. Não podemos antecipar este processo, como vem acontecendo em algumas escolas.

Querer que uma criança de 4 anos esteja lendo é algo que não consigo compreender e considero algo incontestável. A criança nesta idade tem de brincar, ter contato com diferentes materiais e um currículo que favoreça habilidades para um desenvolvimento pleno cognitivo e motor.

Temos de ter a certeza que as crianças são diferentes e aprendem de formas diferentes. Nunca podemos colocar todas em um único parâmetro que caminham juntas, têm conquistas e avanços, na mesma hora, no mesmo momento. É preciso quebrar o paradigma de que aprender a ler e a escrever é fácil e não requer esforço.

Crianças são seres em construção, não há receitas e atividades prontas, mas há reflexão de um processo que deve ser agradável para elas. Está na hora de deixarmos as crianças serem crianças, de terem suas derrotas num jogo e suas frustrações numa brincadeira.

É preciso que o processo de aquisição da leitura e da escrita seja divertido, alegre e acima de tudo prazeroso.

A criança tem que ser estimulada com atividades que favoreçam e facilitem um processo que virá posteriormente. Não se aprende a ler e a escrever em um ano, são necessárias metodologias ativas e que, a criança, possa vivenciar diferentes experiências psicomotoras.

É preciso ver o sorriso da criança ao conquistar sua primeira escrita e ao ler seu nome numa placa. E, assim, a alegria de aprender deve estar inserida na criança.

REFERÊNCIAS BIBLIOGRÁFICAS

AGUILAR, R. (2019). Neurociência aplicada à educação. 2ª.ed. Edicon. São Paulo. SP

AGUILAR, R. (2019). O Lúdico na Escola. Edicon. 5ª.ed. São Paulo. SP

ALMEIDA, G.P. (2014) Teoria e Prática em Psicomotricidade. Wak Editora. Rio de Janeiro

ANAUATE, C. e GLOZMAN, J. (2017). Neuropsicologia aplicada ao desenvolvimento humano. Editora Memnon. São Paulo. SP

AZENHA, M. G. (1994) Construtivismo de Piaget a Emilia Ferreiro. Editora Ática. São Paulo

AZEVEDO, M. A e MARQUES, M. L (1994). Alfabetização Hoje. Editora Cortez. São Paulo.

BNCC. Base Nacional Comum Curricular – Educação é a base– Ministério da Educação. 2017.

CASTEDO, M. (2008). Situações habituais de escrita na alfabetização inicial: material para o docente. Tradução Daisy Moraes. Buenos Aires: Dirección Provincial de Educación Primária. Disponível em:

http://antigositebolsa.fde.sp.gov.br/rodada4/apoio/Texto%20Mirta%20-%20Grupo%20Tematizatpo-Cris.pdf Acesso em: 04/03/2019.

CAPOVILLA, F. org, vários autores. (2005). Os novos caminhos da alfabetização infantil. São Paulo. Editora Memnon, São Paulo.

COSENZA,RAMON M. (2011). Neurociência e educação: como o cérebro aprende. Editora Artmed.Porto Alegre. RS.

DEHAENE, S. (2012), Os neurônios da leitura, Editora Penso – Porto Alegre, RS

DIAS, N.M e MECCA, T.P (org.). Contribuições da neuropsicologia e da psicologia para intervenção no contexto educacional. Editora Memnon. São Paulo, 2015.

DOIDGE,N. (2007). O cérebro que se transforma — como a Neurociência pode curar as pessoas. Editora Record. Rio de Janeiro.

FERREIRO, E. e TEBEROSKY, A. (1999) – Psicogênese da Língua Escrita, Artmed. Porto Alegre, RS

FONSECA, V. Artigo, Dislexia, cognição e aprendizagem: uma abordagem neuropsicológica das dificuldades de aprendizagem da leitura– Rev. Psicopedagogia 2009; 26(81): 339-56

FONSECA. V. (2012). Manual de Observação Psicomotora. Editora Wak. Rio de Janeiro.

GARCIA. J. N. (1998). Manual de dificuldades de aprendizagem – linguagem, leitura, escrita e matemática. Editora Artmed. Porto Alegre, RS.

MCGUINNESS, D. (2006). O ensino da leitura inicial: o que a ciência nos diz sobre como ensinar a ler. Editora Artmed. Porto Alegre, RS

HARARI, Y.N. (2017) Uma breve história da humanidade – Sapiens - Editora L&PM - Porto Alegre, RS

LERNER, D. (2001), Ler e escrever na escola: o real, o possível e o necessário. Artmed. Porto Alegre, RS.

REGO, T. C (1994) Vygotsky: uma perspectiva histórico-cultural da educação. Editora Vozes. São Paulo. SP.

SEABRA, A. G e DIAS, N. M. Avaliação Neuropsicológica Cognitiva. Atenção e funções executivas. Editora Memnon, São Paulo, 2012.

SMOLKA, A. L (1993). A criança na fase inicial da escrita - a alfabetização como processo discursivo. Editora Cortez. São Paulo.

Links sugeridos

https://novaescola.org.br/plano-de-aula/busca?disciplina=L%C3%AD-ngua%20Portuguesa

http://repositorio.unicamp.br/jspui/handle/REPOSIP/253637 - Tese de Doutorado Psicomotricidade : um estudo em escolares com dificuldades em leitura e escrita Unicamp Oliveira, Gislene de Campos, 1992

Tese Instituto Politécnico de Castelo Branco Escola Superior de Educação Os Fantoches na Educação Pré-Escolar e o desenvolvimento de competências sociais Letícia Figueira Rodrigues

https://repositorio.ipcb.pt/bitstream/10400.11/1609/4/Tese%20Le-t%C3%ADcia%20-%20Final%20com%20corre%C3%A7%C3%A3o.pdf